재난에서 살아남기

재난에서 살아남기
일본을 통해 배우는 재난안전 매뉴얼 만화

구사노 가오루 지음 | 와타나베 미노루 감수
고려대 글로벌일본연구원 사회재난·안전연구센터 기획 | 김계자·최종길·편용우 옮김

 **언제 닥쳐올지 모르는 재난에 대비해 나와 가족을 지키는 180가지 방법**

 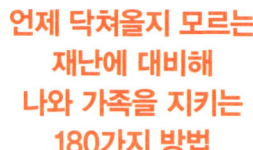

이상

4 コマですぐわかる みんなの防災ハンドブック
"4-KOMA DE SUGU WAKARU MINNA NO BOSAI HANDBOOK"
by Kaoru Kusano

Copyright © 2011 by Kaoru Kusano
Original Japanese edition published by Discover 21, Inc., Tokyo, Japan
Korean edition is published by I-Sang Media Publishing Co.
arrangement with Discover 21, Inc. through Korea Copyright Center Inc.

옮긴이의 글

절대 안전하다는 것은
존재하지 않는다

    대한민국은 선진국으로 향한 길을 꾸준히 걷고 있다. 경제적인 발전은 물론 각종 스포츠 제전을 성공적으로 치러내며 국민들은 선진국 진입의 문턱 앞에 와 있다는 희망을 품었다. 하지만 외형적인 성장 속도를 사회의 내적 성숙이 따라잡지 못하면서 갖가지 문제점이 드러나기 시작했다. 하루가 멀다 하고 대형 사고들이 터지기 시작한 것이다. 물론 안전은 사회적 제도가 뒷받침되어야 하지만, 사회에 만연한 안전 불감증 역시 큰 문제였다.
    고려대학교 글로벌일본연구원의 '사회재난·안전연구센터'에서는 그러한 문제점의 해결을 위해 개인 재난 매뉴얼을 준비하게 됐다. 동 연구센터는 2011년 3월 11일에 발생한 동일본대지진을 계기로, 재난과 안전에 대해 다각도로 연구해보자는 취지에서 발족한 '포스트 3.11과 인간: 재난과 안전연구팀'을 발전시킨 연구기관이다. 종래의 재난과 안전 연구 분야가 이공계에 치우쳐 있는 문제점을 극복하기 위해 정치, 경제, 역사, 문화, 방재, 문학과 같이 인문학에 바탕을 둔 전문가들이 모여 재난과 안전에 대해 심도 있는 논의를 계속했다. 동시에 수차례에 걸친 학술대회 개최와 연구서·번역서 발간을 통해 연구 성과를 학계에 알려왔다.

하지만 전문적인 연구 성과를 학교를 벗어나 사회로 확산시키는 것에는 한계가 있었다. 특히 재난에 취약한 어린이와 어머니를 위한 정보가 부족하다는 데 의견을 모았다. 이후 연구센터 내부의 회의와 서적 선별을 통해 만화 형식으로 된 이 책《재난에서 살아남기》를 번역·소개하기에 이르렀다.

이 책은 재난과 안전의식에 대해 활발한 블로그 활동을 하는 작가 구사노 가오루(草野かおる)와, 재난과 방재 전문가 와타나베 미노루(渡辺実)가 일반인을 대상으로 만든 방재 매뉴얼이다. 두 아이의 엄마이기도 한 작가는 1995년 1월 17일의 한신·아와지대지진(阪神·淡路大震災)과 2011년 3월 11일의 동일본대지진을 경험한 피해자의 입장에서 생활 속의 방재 대책을 만화로 풀어내고 있다.

한국은 한동안 지진 안전 지대라는 인식이 있었다. 하지만 최근 한반도에서도 대형 지진이 잇따라 발생하면서 지진에 대한 예비지식이 없었던 한국인들을 당황케 하고 있다. 이 책은 지진을 비롯한 각종 재난의 경험에서 얻은 실질적인 지식을 전달하고 있다. 재해를 관리하는 사람들에 의해 만들어지는 보통의 매뉴얼과 달리 독자들에게 절실히 와닿는 이유이기도 하다.

내용 중에는 한국 사회와 맞지 않는 부분이 눈에 띄지만, 지진과 쓰나미를 수없이 겪고 대비해온 일본의 시스템을 소개한다는 의미에서 가감 없이 번역을 했다. 아무쪼록 이 책을 통해 우리 모두가 재난과 안전에 대해 다시 한번 생각하고, 만일의 경우 슬기롭게 대처하는 길라잡이가 되었으면 한다. 본문에도 있는 표현이지만, '절대' 안전하다는 것은 존재하지 않는다. 항상 나와 내 주위에 닥칠 '만일'의 경우를 대비하도록 하자.

2016년 9월
고려대학교 글로벌일본연구원 사회재난·안전연구센터

진도와 매그니튜드는 무엇이 다를까?

매그니튜드(magnitude)는 지진 에너지, 진도는 흔들림

매그니튜드는 지진 에너지의 규모를 나타내는 단위입니다. 1번 지진의 경우 매그니튜드는 1개로 변함이 없지만, 진도는 여러 숫자로 나타나게 됩니다. 자신이 있는 장소는 얼마나 '흔들렸는지'를 나타내는 척도가 '진도'입니다. 진도는 진원지까지의 거리나 지반 특성에 따라 다르게 나타납니다. 매그니튜드가 1 높아지면 지진파 에너지는 약 30배, 2 높아지면 약 1000배나 증가합니다.

진도2
자고 있는 사람들 중 몇몇이 깬다

진도4
불안정하게 있는 화병 등이 넘어질 수 있다

진도6
서 있기 어렵다
고정하지 않은 가구가 넘어짐…

진도는 체감 수치이기 때문에 같은 지진이라도 장소에 따라 다릅니다

동일본 대지진은 매그니튜드 9.0이었습니다

머리말

지진 때문에 많은 재해가 일어납니다

화재

액상화 현상

산사태

쓰나미

**복합 재해가
피해를 키우는 주범**

지진이 무서운 것은 지진으로 인해 2차 재해가 더해져 복합 재해가 일어나기 때문입니다. 지진으로 인해 쓰나미가 발생하고, 지진으로 인해 지반이 휘어 비가 내리면 산사태가 일어납니다. 거리, 바다, 산, 강……. 재해가 발생했을 때 어디에 있는지, 누구와 함께 있는지, 계절이나 날씨는 어떤지. 언제 어떤 재해와 맞닥뜨릴지 알 수 없습니다. 조건이 한 가지라도 다르면 지진으로 인한 재해의 크기도 크게 바뀐다는 사실을 기억해둡시다.

지금까지 그 누구도
보지 못했던 일이
현실로…

예상을 뛰어넘는 일은 해마다 일어납니다

매년 변화하는 환경과 이상기후

기상청은 '과거 30년간의 관측 수치와 비교해 현저히 차이가 나는 기후'를 '이상기후'로 정의하고 있습니다. 지구 온난화가 심화되면서 '이상기후'란 단어는 이미 일상적인 말이 되었습니다. 폭염, 따뜻한 겨울, 폭설, 게릴라성 호우, 돌개바람, 지진, 대형 쓰나미, 태풍…… 게다가 '지진 활동기에 들어간 일본열도'라는 조건이 더해집니다. 우리들은 지금까지 경험하지 못했던 대자연의 시련과 얼굴을 맞댈 각오를 해야 합니다.

재난에 준비할 수밖에 없다

머리말 # 자신의 머리로 판단하자

매뉴얼에는 예상할 수 있는 것만 있습니다

정보는 점점 과거의 것이 되어버립니다

지식을 과신하면 방심하게 됩니다

100년 동안 아무 일 없었으니까…

정보와 매뉴얼을 잘 살펴보고 의심해봅시다. 상상력을 발휘해 판단력을 기릅시다

예상 밖의 일까지도 예상하자

이 세상에 완벽한 방재 매뉴얼은 존재하지 않지만 그에 대한 지식이 있는 것과 없는 것은 큰 차이가 있습니다. 방재 정보는 소방서의 팸플릿이나 구청 홈페이지, 텔레비전, 라디오, 방재훈련 스터디 등을 통해 충분히 손에 넣을 수 있습니다. 단지 실재 재해를 당했을 때 최종 판단은 스스로 내려야 합니다. 살아남기 위해서는 혼란에 빠지지 않고 정보를 맹신하기 보다는 스스로 곰곰이 판단해보는 것이 가장 중요합니다.

있어서는 안 될 예상 밖의 일이 벌어졌습니다…

차 례

**1장.
자연재해에서
살아남기**

가구를 고정시키자 • 020
평소에 위험한 식기장을 정리해둡시다 • 021
생명의 물을 확보하는 방법 • 022
의약품을 정리해두자 • 023
필요한 식료품을 부엌에 비축해두자 • 024
알레르기 대응식품을 비축해두자 • 025
욕조의 남은 물은 버리지 않는 습관을 가집시다 • 026
페트병으로 재해를 대비하는 습관 • 027
대피소의 종류에 따라 역할이 달라요 • 028
대피소에도 정원이 있습니다 • 029
평소에 주변을 잘 살펴두자 • 030
비상시 가족의 집합장소를 정해두자 • 031
이웃에게 말하는 것을 잊지 마세요 • 032
집 주변의 급수시설을 점검하자 • 033
방재 우물을 확인하자 • 034
언제나 가까운 곳에 소형 방재용품을 두자 • 035
최신 방재용품을 보러 가자 • 036
만일의 경우에 유용한 수동식 충전기 • 037
아이에게 편리한 낚시 조끼 • 038
비상 가방은 가족 수만큼 준비하자 • 039
비상 가방에는 무엇을 넣으면 되나요? • 040
지진보험에 대해 알아두자 • 042
긴급 시 펑크 나지 않는 자전거로 이동하기 • 043
수조에서 누전될 위험을 방지하자 • 044
다양한 내진 방공호 • 045

2장.
지진이 일어났을 때 행동요령

귀가할 수 없을 때는 무리해서 귀가하지 마세요 • 048
머리를 보호하는 방법은 손목이 포인트! • 049
탈출구를 확보하자 • 050
무조건 바로 뛰어나가면 안 될까요? • 051
발밑의 안전을 확보하자 • 052
차단기를 내리고 대피하세요 • 053
무너진 물건 속에 갇히면? • 054
아동 인도 규칙을 정해놓자 • 055
물, 화장실, 정보를 제공해주는 귀가 지원 센터 • 056
재해용 음성사서함 사용법을 기억해두자 • 057
트위터로 안부를 확인하자 • 058
비상시에는 먼 곳을 연락 거점으로! • 059
상황별 지진 대책- 영화관이나 극장에서 • 060
상황별 지진 대책- 노래방 등에서 • 061
상황별 지진 대책- 해안가에서 • 062
상황별 지진 대책- 산에서 • 063
상황별 지진 대책- 회사에서 • 064
상황별 지진 대책- 지하도에서 • 065
상황별 지진 대책- 전철 안에서 • 066
상황별 지진 대책- 도심에서 • 067
상황별 지진 대책- 욕실에서 • 068
상황별 지진 대책- 운전 중일 때 • 069
상황별 지진 대책- 고속도로에서 • 070
상황별 지진 대책- 슈퍼마켓에서 • 071
상황별 지진 대책- 경기장에서 • 072
상황별 지진 대책- 에스컬레이터에서 • 073

상황별 지진 대책- 엘리베이터에서 • **074**
상황별 지진 대책- 전철역에서 • **075**
상황별 지진 대책- 폭설이 내렸을 때 • **076**
벽돌 벽에는 가까이 가지 마세요 • **077**
지진으로 가스가 차단되었을 때 • **078**
대용품으로 여진에 대비하자 • **079**

3장.
불이 났을 때 행동요령

소화기 사용법을 알아두자 • **082**
불이나 연기로부터 안전하게 피해요! • **083**
불붙은 옷을 주의하세요 • **084**

4장.
쓰나미가 일어났을 때 행동요령

만약의 경우 '쓰나미 대피요령' • **086**
우물 물이 마르면 쓰나미가 옵니다 • **087**
산 속에도 쓰나미가 닥칠 수 있어요 • **088**

5장.
호우, 태풍, 돌풍, 번개, 산사태, 눈사태에서 살아남기

땅의 위험을 알아두자 • **090**
태풍에 대비하자 • **091**
보도된 강우량을 알아두자 • **092**
태풍의 진로에 들어가면 주의합시다 • **093**
갑자기 호우가 내릴 때는 운전에 주의합시다 • **094**
절벽 붕괴의 전조를 알아두자 • **095**
토사 급류의 전조에 주의하자 • **096**
폭우가 내릴 때에는 강에 가까이 가지 맙시다 • **097**

물의 흐름은 사람의 상상을 초월해요 • 098
호우 시에는 가정의 배수를 자제하자 • 099
집에서 만든 흙 포대로 피해를 막자 • 100
회오리바람에 대비하자(실내) • 101
회오리바람에 대비하자(실외) • 102
번개를 피할 때 중요한 것 • 103
택지 조성지의 위험을 알아보자 • 104
지반붕괴의 전조 현상을 알아채자 • 105
눈사태에서 살아남기 • 106

6장.
정전이 됐을 때 행동요령

정전에 대비합시다 • 108
철저한 절전 방법 • 109
불을 켜고 마을을 밝히자 • 110
헤드라이트와 야영등을 사용합시다 • 111
냉장고의 정전 대책 • 112
전기를 사용할 때는 시간차를 활용하자 • 113
갈대 발에 물을 뿌려 시원한 바람을 일으키자 • 114

7장.
비상시 유용한 아이디어

페트병 뚜껑이 샤워기로 변신! • 116
아낌없이 사용하는 신문지 활용법 • 117
랩을 다양하게 활용합시다 • 118
긴급할 때 아기 기저귀 만들기 • 119
아기 엉덩이 수건을 손수 만들어 봅시다 • 120
페트병으로 만드는 파리 잡는 통 • 121

긴급시 간이 생리대 만들기 • 122

침낭 만들기 • 123

가리개로 사용할 수 있는 탈의 망토 • 124

다용도로 사용할 수 있는 팬티스타킹 • 125

옛날부터 만능인 광목 수건 • 126

여러 가지로부터 지켜주는 비옷 • 127

페트병으로 간이난로 만들기 • 128

청재킷으로 아기 멜빵 만들기 • 129

앞치마로 아기 의자 만들기 • 130

우유팩으로 숟가락 만들기 • 131

종이박스로 테이블 만들기 • 132

종이박스로 슬리퍼 만들기 • 133

8장.
비상시 음식 만들기

숟가락 하나로 깡통을 열 수 있어요 • 136

요리할 때는 아이디어 도구를 이용하자 • 137

찬 밥으로 '유통기한 6개월' 보존식을 만들자 • 138

불을 사용하지 않는 요리를 궁리해보자 • 139

알루미늄 캔으로 화로 만들기 • 140

지퍼 백으로 밥을 지을 수 있어요 • 142

보온 조리기구를 만들자 • 143

9장.
비상시 위생관리 및 응급구조법

재해 시 직접 화장실을 만들어보자 • 146
자신만의 화장실을 준비해두자 • 147
신문지와 비닐봉지로 간이 화장실을 만들자 • 148
마당에 화장실을 만들자 • 149
골절 응급처치 방법 • 150
삼각건 사용법 ① • 151
삼각건 사용법 ② • 152
의식이 있는 사람을 이송하는 법 • 153
의식이 없는 사람을 이송하는 법 • 154
저체온증 대처법 • 155
잇몸을 문질러 폐렴을 예방한다고? • 156
양치질을 할 수 없을 경우 구강 청결법 • 157
침이 나오게 하는 마사지를 합시다 • 158
틀니를 빼 놓자 • 159
목욕을 할 수 없을 때 • 160
단수 시 머리를 감는 법 • 161
식중독이 의심될 경우 대처법 • 162
열사병은 재빨리 대처하자 • 163
지진으로 멀미가 날 때 • 164
평형감각 장애에 의한 어지럼에 주의하자 • 165
물에 빠진 사람을 도와주는 법 • 166
목숨을 구하기 위한 응급행동 • 167

10장.
재해 후
마음의 안정 되찾기

재해 후 3주 정도 지났을 때가 중요해요 • 170
없던 일로 하고 싶은 것도 마음의 병이에요 • 171
마음을 덮친 재해- 혼자 남겨졌을 때 ① • 172
마음을 덮친 재해- 혼자 남겨졌을 때 ② • 173
태핑 터치(tapping touch)로 안정을 되찾자 • 174
혼자서 할 수 있는 태핑 터치 • 175
둘이서 할 수 있는 태핑 터치 • 176
스트레칭으로 긴장을 풀자 • 177
마음껏 울어보자 • 178
밝은 내일을 위해 미소 짓는 습관 • 179
부정적 분위기에 휩싸이지 말자 • 180

11장.
방사능 오염 대처법

방사능에 대한 기본 상식 • 182
눈에 보이지 않는 방사능 공포 • 183
방사능으로부터 몸을 지키자 ① • 184
방사능으로부터 몸을 지키자 ② • 185
음식의 방사성 물질을 제거하는 방법 • 186
잘못된 정보에 휘둘리지 맙시다 • 187
아이들의 불안에도 신경 쓰자 • 188

12장.
대피 생활의 지혜

긴급연락 카드를 만들자 • 190
대피소는 애완동물을 수용할 수 있을까? • 191
이코노미클래스 증후군을 예방하자 • 192
충분한 숙면을 취할 수 있도록 노력하자 • 193

종이상자로 칸막이를 만들어보자 • 194
대피소에 활기를 불어넣는 1인 1역 • 195
리더십이 있는 사람을 대피소의 리더로 뽑자 • 196
재난 현장의 영웅들에게 경의와 감사를! • 197
외부인이 겪는 아픔을 극복하자 • 198
소형발전기는 사용법을 반드시 확인해두자 • 199
재해 FM(임시재해방송국)에 귀를 기울이자 • 200
입소문의 힘을 이용하자 • 201
고향 사람들과의 연락을 유지하자 • 202

13장.
재난에 편승한
범죄 대책

평소와는 다른 경계태세를 갖추자 • 204
여성을 노린 범죄에 조심하자 • 205
재해 사기를 조심하자 • 206

14장.
재해 지역을
지원하는 방법

물자를 지원 받는 사람의 기분을 헤아립시다 • 208
자원봉사자의 마음가짐 • 209
누구에게도 말할 수 없는 고민을 헤아리자 • 210
자신의 능력을 조용히 알리자 • 211
모두가 기뻐하는 구호물품이란? • 212
더러워진 사진을 복원하는 법 • 213
간접적으로 지원을 합시다 • 214

1

자연재해에서
살아남기

가구를 고정시키자

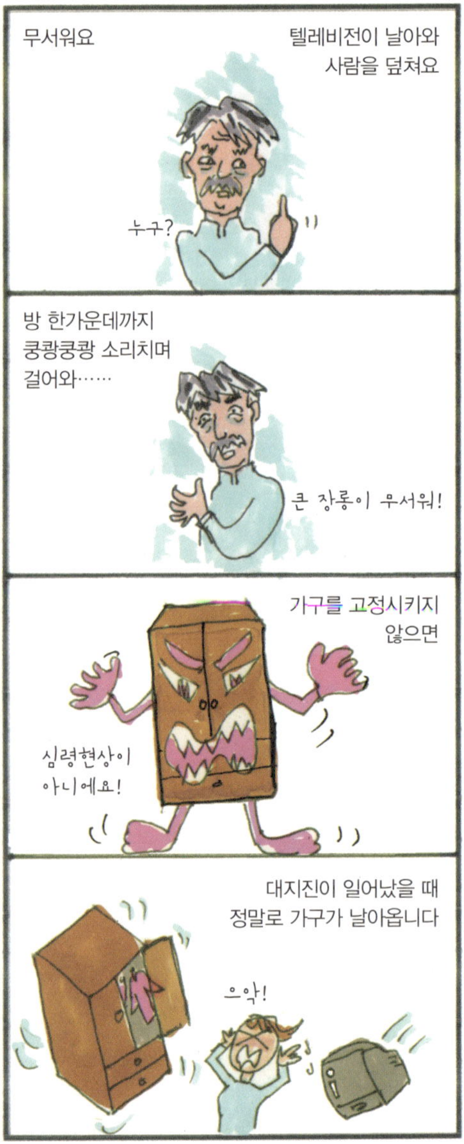

대피하기 전에 죽지 않기 위해 할 수 있는 일

한신아와지(阪神淡路) 대지진 때 자고 있는 사이에 넘어진 가구 아래에 깔려 돌아가신 분이 많이 있었습니다. 장롱, 냉장고, 슬림형 텔레비전, 피아노, 책꽂이, 침실의 가구……. 가구의 배치를 점검하고 넘어지거나 떨어지지 않도록 조치를 해놓읍시다. 벽이나 천장의 강도, 바닥의 종류에 맞춰 적절히 넘어짐 방지 기구를 골라 대책을 세웁시다.

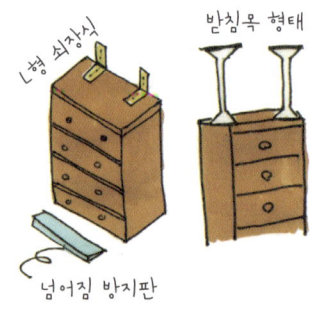

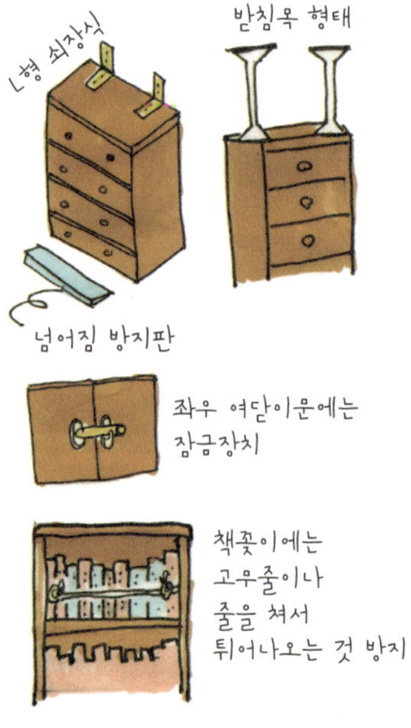

평소에 위험한 식기장을 정리해둡시다

식기나 유리가
흉기가 되기도 해요

식기가 식기장에서 튀어나와 식기 조각이 바닥에 흩어져 있는 모습을 텔레비전에서 본 적이 있습니까? 재난이 일어난 직후에는 청소기 등을 사용할 수 없는 상황이기 때문에 정리하고 싶어도 정리할 수 없습니다. 깨진 식기는 이후의 대피 생활에 영향을 줍니다. 이 기회에 식기장 안을 점검합시다.

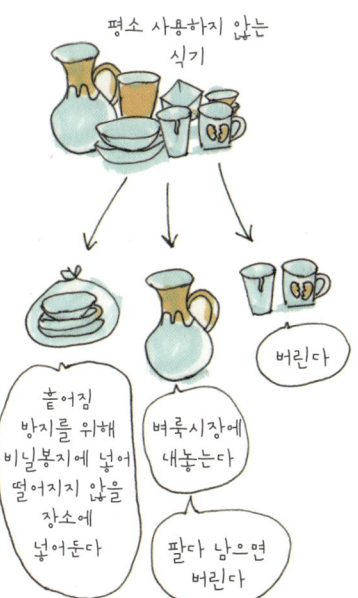

생명의 물을 확보하는 방법

대피생활에서 소중한 물
한신아와지 대지진 때
암시장에서 10배의 가격으로
거래된 적도…

1인당 하루 3리터의 물이 필요해요

집에서 재난을 당했을 경우 수돗물이 나올 때 가능한 한 물을 확보해두고 지혜롭게 궁리해서 사용하도록 합시다. 평상시처럼 물을 사용하면 곧 부족해집니다. 단수가 되었을 때 손수 급수차에서 물을 운반할 일을 상상해보세요. 튼튼하고 큰 비닐봉지를 많이 준비해두면 여러 가지로 편리하겠죠.

실제로 크고
청결한 물통을
준비해둔
가정은 적어요

물통에 물을 넣으면
엄청 무거워!

꿈쩍도 안 해!

운반용 봉지도 있습니다

집에 있는 것으로
물을 운반할
용기가 없는지
찾아보자

평소 물의 사용법을
생각하는 것도 중요!

평소의 보리차

생수

만일의 경우
쇼핑카트에 들어갈 박스에
비닐봉지를 이중으로 해서
물을 운반할 수 있습니다

스스로 물을 주입하면
주입 후에 입구가
저절로 닫혀 옆으로 놓아도
물이 새지 않는 편리한
전용 봉지도 있습니다

의약품을 정리해두자

지병이 있는 사람은 처방전을 준비해둡시다

귀가 잘 들리지 않는 사람은 글로 말을 전달할 수 있도록 메모장 등을 준비합니다. 지병이 있는 사람은 다니던 의료기관의 연락처나 상용 의약품 등을 준비해두면 안심이 됩니다. 처방전을 복사해두는 것도 좋겠죠. 재해가 일어났을 때에 신분을 확인하기 쉽도록 운전면허증, 보험증, 장애자 수첩, 산모수첩 등의 신분증이나 긴급 연락카드(긴급 연락처나 다니던 의료기관 등을 기입한 것)를 몸에 지니고 다닙시다. 준비한 의약품의 유효기간 점검도 잊지 말고 꼭!

투명한 봉투에 넣어둔다

필요한 식료품을 부엌에 비축해두자

**최소 3일분의
음식을 준비합시다**

대규모 재해가 일어나면 관공서가 본격적으로 활동하는 데 3일은 걸립니다. 만약의 경우를 대비해 가족 전원이 최소 3일간 지낼 수 있는 음료수, 음식을 준비해둡시다. 모유로 아기를 키우고 있는 어머니가 재해를 당하면 스트레스로 모유가 나오지 않게 되는 경우도 있습니다. 가족 각자에게 맞는 음식을 평소 준비해두는 것이 중요합니다.

알레르기 대응식품을 비축해두자

음식물 알레르기가 있는
아이를 둔 어머니가 명심할 일

재난을 당한 사람들 중에는 당연히 음식물 알레르기를 가진 아이들이 있습니다. 생명과 관련된 알레르기인 경우도 있습니다. 이런 아이들은 분유나 식사를 안심하고 지원받을 수 없습니다. 알레르기 대응식품을 동일본 대지진의 피해지역으로 보낸 단체도 있었지만, 대부분이 당사자의 손에 들어가기 어려운 것이 현실입니다. 미리 스스로 어느 정도 양의 알레르기 대응식품을 준비해둬야 합니다.

동일본 대지진에서 음식물 알레르기를 가진 아이가 있는 어머니는 곤란한 점이 많았습니다

한편, 재해지역의 관공서는 알레르기 대응 지원물자가 와도 나눠줄 대상을 모릅니다

다행히 곤란해 하는 어머니의 사정을 알게 된 보건소 직원이 정보를 알려주었습니다

입소문이나 인터넷이 도움이 되었습니다

알레르기 증상은 여러 가지

욕조의 남은 물은 버리지 않는 습관을 가집시다

남은 물을 생활용수로 이용합시다

우리가 살아가기 위해서는 음료수뿐만 아니라 생활용수가 필요합니다. 욕조의 남은 물을 생활용수로 활용합시다. 화장실이나 세탁 외에도, 화재 시 초기 진화에 이용할 수 있습니다. 단수가 되면 변기에 휴지를 흘려보내지 말고 전용 휴지통을 준비해 그 안에 버립시다. 소용돌이가 일 정도로 변기 위쪽에서 물을 부어주면 물이 적게 소모됩니다. 대재해 시에는 경찰서나 소방서 등도 재해를 입기 때문에 구조 요청이 쇄도하게 됩니다. 우리 모두 스스로 자신을 지키려는 마음가짐이 중요합니다.

지진이나 정전이 난 뒤에 수돗물이 끊기는 경우가 있습니다

단수가 되었을 때 욕조의 남은 물이

손씻기로

수세식 화장실 물로

소량의 세탁이나 몸을 닦는 수건 등에 매우 도움이 됩니다

욕조의 물은 교체할 때까지 버리지 않습니다

세탁 후에도 버리지 않습니다

재해 경험자

수세식 화장실은 한 번에 13~20리터의 물을 사용한다

페트병으로 재해를 대비하는 습관

소중한 물을 페트병으로 항상 준비해둡시다

동일본 대지진 직후에 마트에서 생수가 사라졌습니다. 대규모 재해가 일어나면 상품 유통이나 구호가 늦어지는 경우도 있습니다. 이런 때에도 곤란하지 않도록 수돗물을 페트병에 담아 모아둡시다. 페트병 입구까지 물을 가득 넣고 뚜껑을 닫아두는 것이 중요합니다. 공기가 닿지 않도록 하면 잘 상하지 않습니다. 끓여서 식힌 물과 같이 수돗물의 소독성분(클로르칼크)이 빠진 물은 상하기 쉽기 때문에 페트병 보관에 적합하지 않습니다. 매일 이런 습관을 계속하면 매일 새로운 물을 준비하게 되므로 안심이 됩니다.

비상시 쓸 물을 페트병에 넣어둡시다

예를 들면. 가족 4인분

페트병의 물은 매일 아침 새로운 수돗물로 갈아줍니다

입구까지 물을 넣는다

물을 갈 때는 안의 물을 그냥 버리지 말고

화분에 물을 주거나

식사 그릇 등을 물에 담가두는 일에 이용합시다

습관이 되면 귀찮지 않습니다

대피소의 종류에 따라 역할이 달라요

세 종류의 대피소를 기억해두자

임시 대피소는 일시적으로 대피할 수 있는 광장, 공원, 공터 등입니다. 광역 대피소는 대규모 광장(오픈된 공간)이 있는 곳, 즉 큰 공원이나 단지, 대학 등이 지정된 경우가 많겠죠. 수용 대피소는 숙박, 식사 등의 생활기능을 제공할 수 있는 곳입니다. 자신의 집에서 대피소로 가는 지도를 만들어 가족과 확인해둡시다. 아울러 집안에서 최적의 대피 장소는 기둥과 벽으로 둘러싸인 욕실이나 화장실입니다.

대피소에도 정원이 있습니다

부득이하게 이용할 수밖에 없는 사람이 우선이지요

수용 대피소에는 대피소를 이용할 수밖에 없는 사람이 우선 들어갈 수 있습니다. 집이 무너졌거나 또는 무너질 위험이 있는 주민, 집으로 돌아가기 어려워 살 곳이 없는 사람 등입니다. 수용 대피소에는 모포, 음식물(건빵이나 크래커) 등이 비축되어 있습니다. 그러나 대피소에서의 음식 배급은 수용인원만을 대상으로 합니다. 자신의 집에서 재해를 당한 사람이 대피소에 음식만을 받으러 가도 배급받을 수 없는 경우가 있습니다.

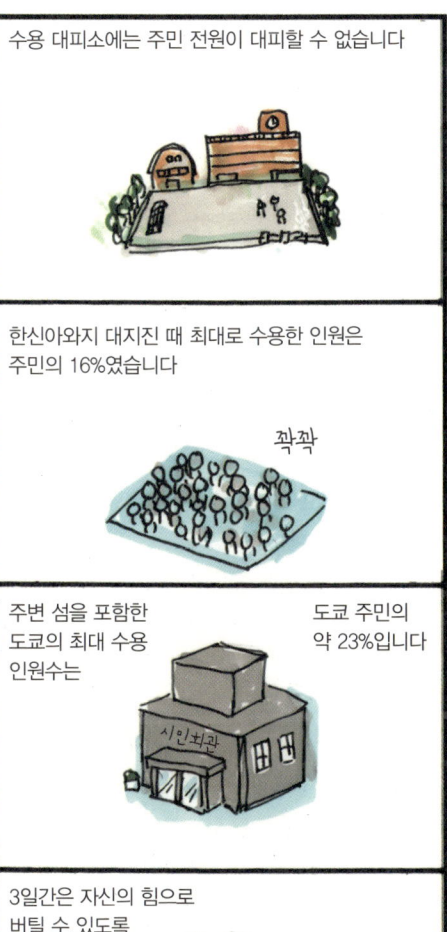

평소에 주변을 잘 살펴두자

아이와 어른의 시선은 다릅니다

제 딸이 초등학생 때 하교시간에 학부모들이 교대로 학교 주위를 순찰한 적이 있습니다. 그때 늘 보던 풍경 속에 위험한 장소가 많이 숨어 있다는 것을 알았습니다. 떨어질 위험이 있는 절벽이나 습지, 호수, 다리 밑의 어두운 공간, 무너질 것 같은 벽돌담, 넘어질 것 같은 동상이나 돌 비석, 사각지대가 많은 공원……. 아이들은 위험한 곳을 매우 좋아합니다. '놀고 있을 때 지진이 발생하면?' 이렇게 상상하면서 아이와 함께 산책해봅시다.

아이와 함께 주위를 잘 관찰하면서 산책합시다

친구와 노는 공원

골목, 벽돌담

절벽, 호수, 강

이상한 사람을 대비해서 사각지대가 있는지 점검

비상시 가족의 집합장소를 결정해두자

'집합장소'는 전원이 알 수 있는 곳으로 정합니다

'집합장소'를 결정할 때는 지진 당일에 예상되는 재해나 교통 상황도 고려합시다. 가족 전원이 바로 알 수 있고 대피 경로가 안전한 곳이어야 합니다. 경로를 정하면 가족이 모여 실제로 걸어가 봅시다. 집합장소를 '다니던 초등학교'로 정하긴 했지만 실제로 가보니 폐교가 되었다는 경우도 있습니다.

이웃에게 말하는 것을 잊지 마세요

이웃에 혼자 사는 할머니

**비상시야말로
서로 도와야 합니다**

자신과 가족의 무사함을 확인하고 나면 이웃, 특히 거동이 불편한 노인이나 장애인들에게 조금이라도 신경 쓰는 것을 잊지 맙시다. 건강한 사람들이 간단히 할 수 있는 일도 장애인이나 고령자에게는 어려운 일이 많이 있습니다. 또 어린 아이가 있는 부모에게도 간단히 말을 건넵시다. 인간관계가 메마른 도시에서는 배려를 실천하는 일이 중요합니다.

만일의 경우에 잊어버리지 않도록 '말하기' 담당을 돌아가면서 합시다

이웃에 곤란한 상황에 처한 사람이 있으면 말을 걸어 주세요

장애를 가진 사람들을 잊지 않는 것이 중요합니다

갓난아이 어머니

집 주변의 급수시설을 점검하자

주위의 응급 급수 거점을 확인할 것

수도국은 재해가 일어날 때 대피 주민이 모이는 대피장소 등에 응급 급수를 위해 배수지나 재해용 지하급수탱크와 같은 시설을 응급 급수 거점으로 정비하고 있습니다. 만일의 경우에 어디에서 물을 받을 수 있는지 알아두는 것이 매우 중요합니다. 대피장소와 함께 가까운 응급 급수 거점을 확인해둡시다. 살고 있는 지역의 관공서 홈페이지 등에서 확인할 수 있습니다.

이중 비닐봉지와 종이박스, 여행용 트렁크로 물을 운반할 수 있습니다

방재 우물은 깊이 100m 전후의 깊은 우물로

비상용 발전기가 준비되어 있습니다

대피 장소로 지정된 공원 등에는 이와 같은 급수 설비가 있는 곳이 많습니다

유사시에 대비해 수돗물을 많이 비축해 교체하고 있습니다

이 설비에서 급수 탱크로도 급수해 갑니다

방재 우물을 확인하자

화장실이나 설거지 등의 생활용수로 적합해요

민간의 우물은 소형 방재 우물로써 주로 깊이 약 9m 전후의 수동펌프가 붙은 얕은 우물입니다. 이 우물의 소유자가 지역과 협정을 맺어 재해 시에 생활용수를 제공합니다. 이 방재 우물에서 퍼낸 물은 음료수로 사용할 수 없습니다. 또한 화재 시에는 지방자치단체 등이 갖고 있는 펌프를 우물과 연결해 진화작업에 사용할 수 있습니다. 지자체 홈페이지 등에서 주위의 소형 방재 우물 위치를 조사해둡시다.

민간 우물을 이용해서

비상시에 생활용수를 제공받고 있습니다

좋아요

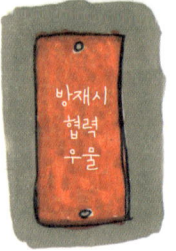

이런 간판이 표시입니다

주위를 찾아봅시다

방재시 협력 우물

학교에도 방재 우물이 있습니다
전동펌프가 붙어 있어 수도꼭지를 틀기만 하면 물이 나옵니다

정전 시 발전기로 가동한다

초등학교에 있는 방재 우물

세탁에

언제나 가까운 곳에 소형 방재용품을 두자

**자신에게 필요한
방재용품을 고릅시다**

나침반은 키홀더로 되어 있는 것이 많이 판매되고 있습니다. 군용 나이프는 너무 많은 기능을 찾기보다는 소형이 사용하기 편합니다. 단, 비행기에 탈 때는 소형이라도 가지고 탈 수 없기 때문에 주의가 필요합니다. 자신의 습관이나 생활 스타일을 생각하면 재난을 당했을 때 무엇이 필요한지 알 수 있습니다. 예를 들면 귀가가 늦는 여성은 휴대용 전등과 호루라기, 노안이 시작된 사람은 돋보기 등이 편리합니다.

- 돋보기 -
지도를 볼 때나
햇빛을 모아 불을 지필 때도

최신 방재용품을 보러 가자

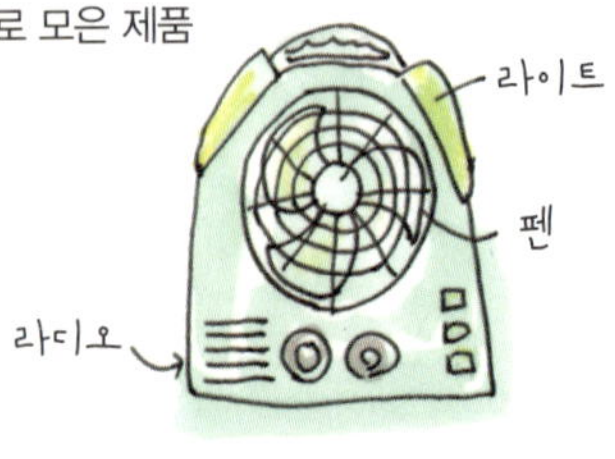

정기적으로
홈센터에 구경 갑시다

홈센터(주거공간을 직접 꾸밀 수 있는 소재나 도구를 파는 상점) 등에 가면 최신 방재용품을 구경할 수 있어 즐겁습니다. 너무 고급사양 제품을 구입하면 막상 쓰려고 할 때 취급설명서 없이는 사용할 수 없는 경우도 있습니다. 자신이 사용하기 쉽고 기능적인 것을 고릅시다. 방재용품은 아니지만 간호 코너에는 휴대 화장실이 되는 기저귀, 머리를 감지 못할 때 쓰는 물수건, 몸을 닦는 물수건 등이 있습니다. 단수 시에 편리합니다.

휴대용 전등이 붙어 있는 군용 나이프

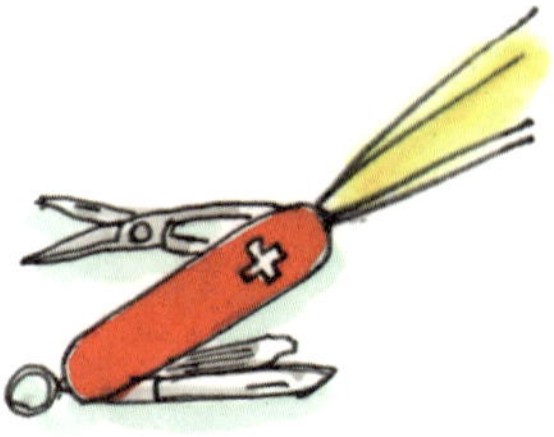

평소에는 전구지만 만일의 경우에는 손전등이 되는 램프

충전식 LED 전구

NASA가 개발한 보온력이 모포의 3배인 시트

선풍기, 라디오, 전등 등 필요한 것을 하나로 모은 제품
라이트
펜
라디오

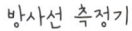
방사선 측정기

만일의 경우에 유용한 수동식 충전기

**휴대 충전이
가능한지 아닌지
확인합시다**

수동식 충전기는 전지 없이 사용할 수 있습니다. 표준 장비로 전등, AM·FM 라디오가 붙어 있고 핸드폰 충전이 가능한 유형이 많습니다. 여러 유형이 있기 때문에 사용하기 쉬운 것을 검토해봅시다. 단, 수동식 핸드폰 충전은 중노동이므로 상당히 많은 시간이 걸립니다.

수동식 충전기는 전지가 필요하지 않기 때문에 비상시에 도움이 됩니다

씩씩

충전할 때는 상당히 힘들지만

핸드폰을 충전할 수 있기 때문에

편리합니다

장기간 사용하지 않으면 충전 전지의 수명이 짧아집니다

연 2회 정도 충전을

아이에게 편리한 낚시조끼

낚시조끼는
주머니가 많아요

아이용으로 하나 가지고
있는 게 어떨까요?

주머니에는
긴급 연락처, 장갑,
페트병 물, 스카프,
마스크, 물티슈 등

방수기능이
있기 때문에
신경 쓸 필요 없고

양손이 비어 있으니
아이와 손을
잡을 수 있습니다

배낭도
멜 수 있어요

조끼 주머니에
연락처를 넣어둡시다

재해지역, 대피소······. 이들의 공통점은 비일상적인 공간이라는 것입니다. 우선 귀중품은 몸에 지니고 다녀야 합니다. 둘째, 양손은 사용할 수 있도록 해둘 것. 그런 점에서 낚시 조끼는 가방 1개 분량의 짐이 주머니에 들어가도록 만들어져 있어 일석이조입니다. 아이용 낚시조끼 주머니에는 긴급 연락처, 장갑, 스카프, 작은 페트병 물, 밸런스 영양식품, 물수건, 호루라기, 잔돈 등도 미리 넣어두면 좋습니다.

저도
사용하고
있습니다

비상 가방은 가족 수만큼 준비하자

자신의 비상 가방은 자신이 관리하자

대피 시 이용할 비상 휴대용품 가방의 무게는 5kg을 넘기지 않는 것이 좋습니다. 개인적으로 손에 들고 다닐 것이나 필수품은 각자 책임지고 비상 휴대용품 가방에 넣어둡시다. 한 사람에게 모두 맡기지 않는 것이 중요합니다. 작은 아이, 몸이 자유롭지 못한 분, 환자가 있는 가족은 휴대용품 가방에 넣을 내용물이 다릅니다. 그리고 준비한 휴대용품 가방은 곧 들고 나갈 수 있는 장소에 준비해둬야 합니다.

실제로 등에 메고 무게를 확인해보자

방재용품이 들어 있는 제품이 20만 원 정도

방재용 배낭은 특별히 사지 않아도 괜찮아요

유행 지난 가방

사용하지 않는 배낭을 비상용 휴대용품 가방으로 사용합시다

가족 한 사람 한 사람에게 맞는 내용물을 준비할 것

벼룩시장에서 샀어요

아들용
딸용
엄마용
아빠용

4인 가족이라면 4세트를 준비

비상 가방에는 무엇을 넣으면 되나요?

지진보험에 대해 알아두자

지진보험은 화재보험과 세트로 가입합니다

단, 수령 보험금은 화재보험의 절반 이하

지진 1억 원   화재 2억 원

지진으로 화재가 발생해도 화재보험만 가입된 경우에는 보험금이 나오지 않습니다

지진으로 인한 화재

또 가옥이 완전히 붕괴된 경우와 절반이 붕괴된 경우 금액이 다릅니다

와르르

절반 붕괴로부터 2주일 후 완전 붕괴가 되는 경우도…

지진보험과 화재보험은 다릅니다

동일본 대지진 이후, 지진보험에 대한 관심이 높아졌습니다. 지진보험은 화재보험으로는 보상받지 못하는 지진, 분화, 쓰나미가 원인이 된 손해를 보상해줍니다. 단, 보상이 되는 조건을 정확히 확인해두는 것이 중요합니다. 화재보험 가입자가 지진으로부터 반나절 지난 저녁에 발생한 화재 건으로 화재보험금을 받으려고 했는데, 지진보험에 가입되어 있지 않다는 이유로 거절당했습니다. 가입할 때에는 보험회사로부터 충분한 설명을 들어야 합니다.

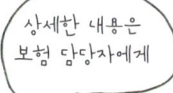

상세한 내용은 보험 담당자에게

긴급 시 펑크 나지 않는 자전거로 이동하기

**못이 박혀도
펑크 나지 않는 타이어**

한신아와지 대지진 재해 지역에서는 공공 교통기관이 운행을 멈추고 건물 파괴나 잔해 등으로 도로 상황이 매우 좋지 않아 차를 운행할 수 없었습니다. 그래서 이재민의 이동수단으로 생긴 것이 자전거였습니다. 하지만 도로의 이물질로 인해 타이어 펑크가 속출. 그런 가운데 활약한 것이 못이 박혀도 타이어가 펑크 나지 않는 자전거입니다. 보통 자전거와 탔을 때 느낌도 같고, 더욱 진화된 자전거로 현재 판매되고 있습니다. 또 타이어만 교환할 수도 있습니다.

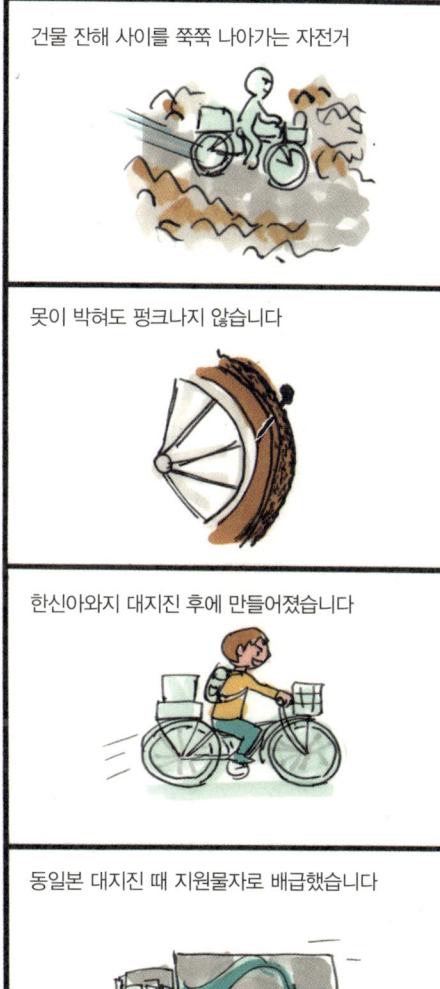

수조에서 누전될 위험을 방지하자

관상용 수조에는

많은 전기가 사용되고 있습니다

에어컨   히터   형광등

큰 지진이 발생하면

히터가 가열되어 인화될 위험도

물이 없는 상태에서 수조가 가열되는 것을 방지하기 위한 센서가 붙은 기구를 사용합시다

평소 콘센트 플러그에 누수나 먼지가 붙어 있지는 않은지 확인해둡시다. 지진으로 수조가 뒤집히거나 금이 가서 수조 내의 물이 다 빠진 채로 히터가 돌아가면 주변의 물건을 가열하게 되어 화재가 일어날 수도 있습니다. 또 여진 등으로 물이 흘러넘칠 위험이 있을 때는 미리 수위를 낮춰둡시다.

다양한 내진 방공호

내진 방공호는 지진으로 주택이 무너져도 침실이나 잠잘 곳 등의 일정 공간을 확보함으로써 생명을 지켜주는 장치입니다. 대규모 내진 개수공사를 할 수 없는 경우에는 이 내진 방공호를 준비하는 방법도 있습니다. 기존의 주택 내에 설치할 수 있기 때문에 살면서 공사하거나 내진 개수공사에 비해 단기간에 설치할 수 있는 것도 특징입니다.

튼튼한 상자처럼 생겼습니다	내진 방공호는 방 안에 둡니다

250만 원~

튼튼한 방재용 침대도 있습니다

210만 원~

보강 전용 기둥도 판매되고 있습니다 / 테이블의 강도를 높입니다

강도가 4배   15만 원~

핵 방공호는 최후의 수단입니다

1억 2천만 원~

지자체에 따라서 보조금이 나오는 곳도 있습니다

자연재해에서 살아남기

2

지진이 일어났을 때
행동요령

귀가할 수 없을 때는 무리해서 귀가하지 마세요

정보를 계속 얻자

동일본 대지진이 일어난 날 교통기관이 마비돼 수도권은 대혼잡 상태였습니다. 운동화를 사는 사람으로 신발가게가 북적이고 자전거가게에는 손님이 쇄도했고, 편의점에서도 도시락이 모두 팔렸습니다. 한편, 귀가를 포기한 사람들은 술집으로 몰려가 시간을 보냈습니다. 그런데 생각해보세요. 이런 상황이 한여름 낮에 벌어지고, 게다가 정전까지 된다면 어떻게 될까요? 생각해보면 위험이 늘 우리 곁에 있음을 알 수 있습니다. 안전이 확보된 장소에 있는 경우는 무리해서 귀가하지 말고 계속 정보를 얻으면서 판단하도록 합시다.

동일본 대지진 때 도쿄의 밤 거리는
집에 돌아가지 못한 사람들로 넘쳐났습니다

고속도로는 폐쇄되고
마중나온 차나 택시 때문에
대혼잡이 일어났습니다

급히 도쿄 내의 학교, 관공서 등이
귀가하기 어려운 사람들에게 개방되어
많은 사람들이
하룻밤을 보냈습니다

귀가가 어려울 때의 필수품을 다시 확인
회사의 라커룸에

여진이 계속되기 때문에
배낭으로 통근하는 회사원

머리를 보호하는 방법은 손목이 포인트!

주위에 있는 물건을 이용해 머리를 보호하자

지진이 일어나면 책상 아래에 들어가 머리를 지킨다! 초등학교 때부터 대피훈련으로 연습했지요? 하지만 실제로 지진이 일어나면 주위에 책상이 없는 경우도 많습니다. 외출한 곳에서 지진이 발생하면 안전한 장소로 이동해 주위에 있는 물건을 사용해 머리를 보호하도록 합시다. 머리를 지키는 물건과 머리 사이에 공간을 만들어 손목을 안쪽으로 함으로써 낙하물의 충격으로부터 몸을 지킬 수 있습니다.

머리를 보호하는 방재두건

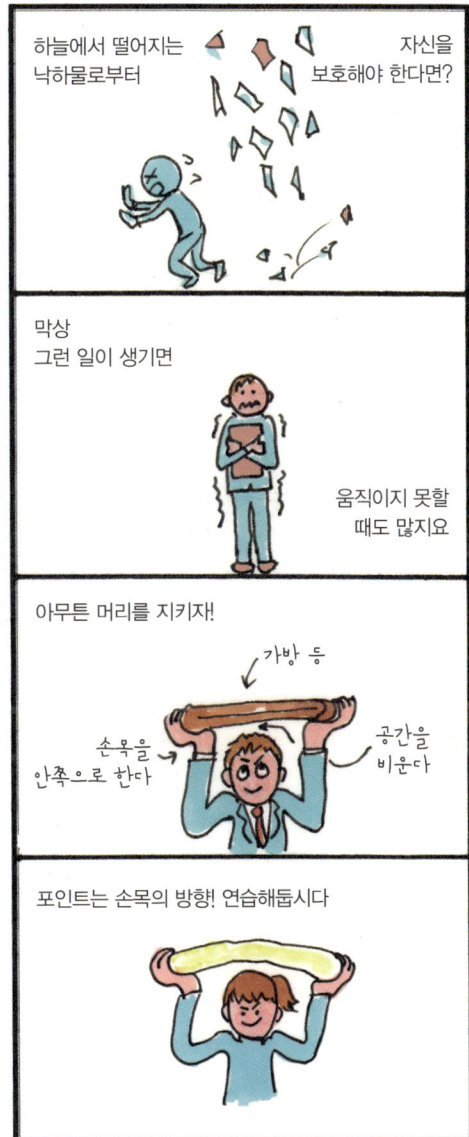

탈출구를 확보하자

**건물의 뒤틀림이나
넘어진 가구 때문에
갇히는 일이 없도록 합시다**

지진으로 집이 뒤틀리면 문이나 현관 문이 열리지 않을 수 있습니다. 특히 아파트 등의 복합주택에 살고 있는 경우는 출입구가 적기 때문에 대피경로 확보가 중요합니다. 아는 친구는 화장실에 있을 때 지진이 일어나 화장실 앞에 있는 가구가 넘어져 화장실에서 나올 수 없었다고 합니다. 탈출하는 데 3시간이나 걸렸다고 합니다. 평소 현관 주위를 정리정돈하고 대피경로에 방해가 되는 것이 없는지 확인해둡시다.

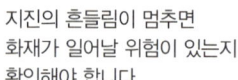
지진의 흔들림이 멈추면 화재가 일어날 위험이 있는지 확인해야 합니다

가스 밸브를 잠그고

현관 등의 문을 열어 대피 경로를 확보합니다

건물이 뒤틀려 문이 열리지 않는 일도 있으니까요

문 앞에 있는 가구도 점검하세요

무조건 바로 뛰어나가면 안 될까요?

오래된 목조 가옥은 압사할 위험이 있어요

한신아와지 대지진 때는 많은 건물이 절반 정도 붕괴되었습니다. 6,434명의 사망자 중 대다수가 압사했고, 목조 가옥이 붕괴되어 깔려 죽었다고 합니다. 오래된 목조 가옥 안에 있을 때 예전에 없던 큰 진동을 느끼면 곧바로 밖으로 대피합시다.

기와 등의 낙하물이나 교통사고 위험이 있기 때문에

지진이 일어났을 때는 곧바로 밖으로 뛰어나가지 않는 것이 기본이지만…

때와 경우에 따라 다릅니다

지금 자신이 어디에 있는지 판단하세요

오래된 목조 가옥의 1층에 있을 때는 곧바로 밖으로 나가 대피합시다

2층만 남는다

발밑의 안전을 확보하자

**대피할 때
부상을 입지 않는 것이
중요합니다**

지진은 당연히 밤중에도 일어납니다. 어둠 속에서 어지럽혀진 실내에서 발에 상처를 입은 친구가 있습니다. 보통 때라면 대단치 않은 상처일지도 모릅니다. 그러나 재해 시에는 물도 없거니와 병원에도 갈 수 없고, 뛸 수도 없습니다. 밤에는 욱신거리며 아프고……. 이후의 대피생활에 악영향을 미치게 됩니다.

한신아와지 대지진 때 재난을 당한 다음부터 베갯맡에 운동화를 준비해 두고 있습니다

차단기를 내리고 대피하세요

계속 켜둔 가전제품은 화재의 원인이 됩니다

평소에 플러그를 계속 꽂아두는 가전제품이 많이 없습니까? 대피할 때는 반드시 전기 차단기의 주전원을 끕시다. 다리미나 전기히터 등 가전제품은 사용 중이 아니더라도 지진으로 끊어질 듯한 플러그나 콘센트가 먼지가루 때문에 발화하기도 합니다. 물론 집에 돌아왔을 때는 가전제품의 전원이 꺼졌는지 확인하고 나서 차단기를 올립니다.

지진이 일어나서

집안은 어수선합니다

대피할 때 차단기나 가스 밸브 잠그는 것을 잊지 않도록 합시다

전기가 복구되었을 때 흩어진 가전제품이나 누전 때문에 화재가 많이 일어난다고 합니다

차단기를 전부 내려둘 것

무너진 물건 속에 갇히면?

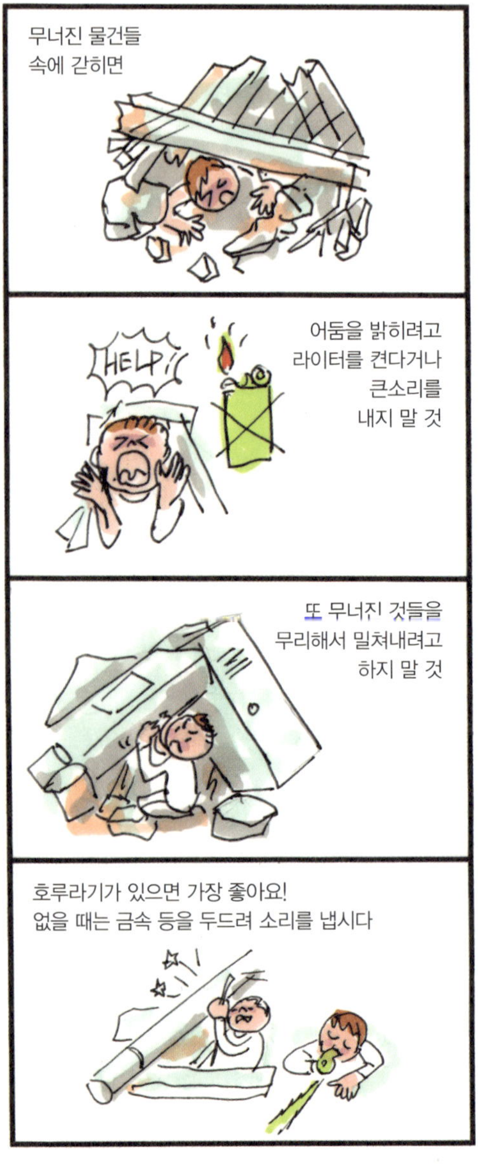

무너진 물건들
속에 갇히면

어둠을 밝히려고
라이터를 켠다거나
큰소리를
내지 말 것

또 무너지 것들을
무리해서 밀쳐내려고
하지 말 것

호루라기가 있으면 가장 좋아요!
없을 때는 금속 등을 두드려 소리를 냅시다

**자신의 존재를
알리는 것이
가장 중요합니다**

주의할 점은 주위의 무너진 물건을 무리해서 움직이지 않는 것입니다. 움직이다가 지탱해주는 것이 없어지거나 연이어 무너져버릴 수 있습니다! 자신이 있는 곳을 주위에 알리기 위해 우선 배관 등을 두드립시다! 큰 소리를 내면 체력이 소모되기 때문에 최후의 수단으로 사용하도록 합니다. 무너진 더미 사이를 통과할 때는 윗옷이나 장식품 등을 제거해 빠져나가는 도중에 이것들이 걸리지 않도록 주의합시다.

구조 활동 중의 조용한 시간

아동 인도 규칙을 정해놓자

**초등학교 마중은
가족만 가능한 것이 원칙입니다**

초등학교나 유치원, 보육원에서는 방재훈련 방식도 각각 다릅니다. 평소에 학교 방재훈련에 참가해서 규칙을 알아둡시다. 예를 들면, 어떤 초등학교는 마중 갈 가족을 미리 등록하는 제도가 있기도 하고 유치원이나 보육원에서는 '마중 카드'를 갖고 있는 가족만이 데려갈 수 있는 곳도 있습니다. 대지진 때는 귀가 난민이 되는 것을 예상하고 미리 가족이나 친족과 의논해둡시다. 또 동일본 대지진 후에 학교 대피 매뉴얼을 점검하고 개정된 경우도 있기 때문에 재확인이 필요합니다.

많은 학교에서 담요 한 장으로 숙박했습니다

지진 발생

운동장에 대피

부모가 데리러 오면 아이를 넘겨줍니다

부모가 귀가 난민이 된 때는 누군가가 대신해 갈 수 있도록 해둡시다

할머니입니다
신분증

물, 화장실, 정보를 제공해주는 귀가 지원 센터

매일 지나던 장소가
귀가 지원 센터일 수도 있습니다

귀가 지원 센터는 주요 대도시권에 있는 '수도권 도보 귀가자를 위한 지원'의 하나입니다. 귀가 지원 센터에서는 수돗물, 화장실, 재해정보를 제공해줍니다. 예를 들면, 편의점, 주유소, 패밀리레스토랑, 패스트푸드점 등이 귀가 지원 센터가 됩니다. 표시는 스티커입니다. 각각의 점포 입구 등에 붙어 있으니 찾아봅시다. 또 공립학교 등도 귀가 지원 센터가 됩니다.

재해용 음성사서함 사용법을 기억해두자

가족 전원이 사용할 수 있도록 해둡니다

지진 등의 재해 발생 시 재난 지역에 전화 연결이 어려운 상황에서 이런 서비스가 개시되었습니다.

- **메시지 녹음시간**
  → 메시지 1건당 30초 이내
- **메시지 보존기간**
  → 녹음 뒤 48시간(체험 이용은 6시간)
- **메시지 축적 수**
  → 전화번호 1건당 1~10 메시지
  (제공 때 안내)

체험 이용 제공일이 있으므로 연습도 할 수 있습니다. '171'을 '이나이('없다'는 뜻의 일본어)'의 발음에 맞춰 기억해두는 것이 좋습니다. 각 이동통신사에는 텍스트 등록과 열람이 가능한 '재해용 메시지판'도 있으므로 알아두도록 합시다.

각 통신회사도 메시지 페이지를 개설했습니다

재해용 음성사서함은 지진 등의 재해 발생 시에 이용할 수 있습니다

어떤 전화로도 사용할 수 있습니다

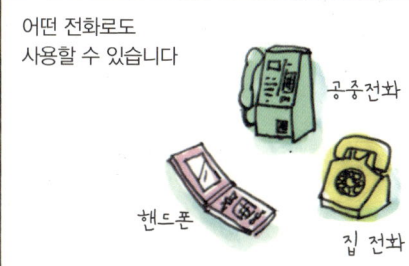

메시지를 녹음할 때는 171로 전화해 안내에 따라 1, 녹음 안내

메시지를 재생할 때는 171로 전화해 안내에 따라 2, 청취 안내

트위터로 안부를 확인하자

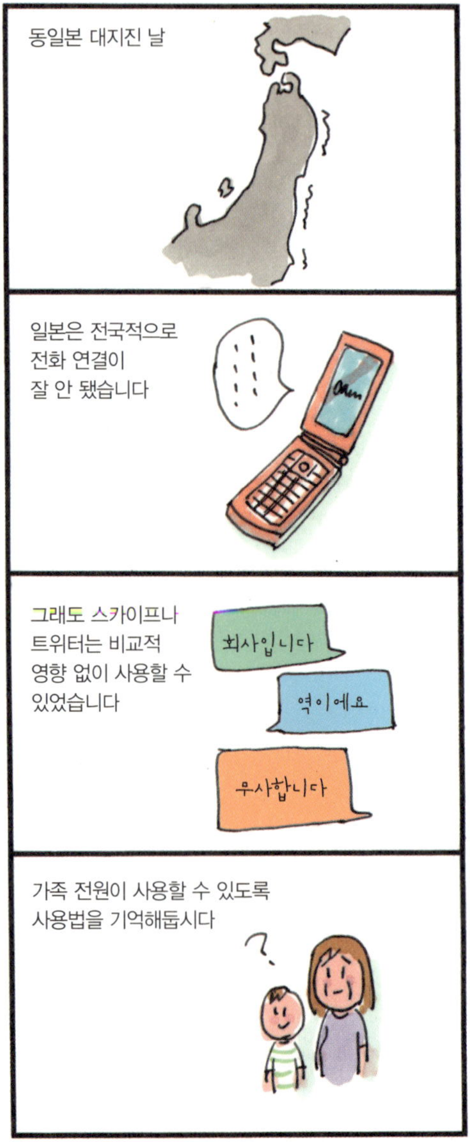

동일본 대지진 날

일본은 전국적으로 전화 연결이 잘 안 됐습니다

그래도 스카이프나 트위터는 비교적 영향 없이 사용할 수 있었습니다

회사입니다

역이에요

무사합니다

가족 전원이 사용할 수 있도록 사용법을 기억해둡시다

트위터 연락방법을 공부합시다

트위터는 자신이 지금 무엇을 하고 있는지 인터넷 상에서 실시간으로 이야기할 수 있는 무료 서비스입니다. 그리고 재해 때는 상당히 유효한 아이템입니다. 예를 들면 딸이 트위터 계정을 가지고 있고 평소 이용한다고 해봅시다. 어머니가 딸의 계정을 사전에 파악해두고 '딸의 이야기'를 볼 기능만 알아두면 딸의 소식이나 상황을 실시간으로 알 수 있습니다. 이것만으로 가족 연락 방법이 한 가지 늘겠죠.

괜찮아요!?

3월 11일에 캐나다에 있는 딸로부터 가장 먼저 연락이 왔습니다

비상시에는 먼 곳을 연락 거점으로!

**삼각연락법으로
원활하게 확인합시다**

일하는 중에 대지진 등의 재해가 일어났을 경우를 상상해봅시다. 가족의 안부를 확인하는 것만으로도 심리적인 스트레스의 상당 부분이 없어집니다. 이런 심리는 가족 측도 마찬가지입니다. 안부 확인 네트워크를 평소 확인해 둡시다. 전화, 메일, 삼각연락법, 재해용 음성사서함 같은 우선순위를 정해 놓고 서로 연락하는 방법을 정해두는 것도 좋습니다.

상황별 지진 대책- 영화관이나 극장에서

즐겁게 영화를 보고 있을 때

지진!

의자와 의자 사이에 몸을 웅크리고 머리를 보호합니다

직원의 지시에 따라 대피합시다

천정에서 떨어지는 낙하물과 비상상황에 주의합시다

가방 등으로 머리를 보호하고 좌석 사이에 몸을 숨기고 흔들림이 멈추기를 기다립시다. 정전이 되어도 유도등이나 비상등이 켜지기 때문에 당황하지 말고 담당 직원의 지시에 따를 것. 또 서로 먼저 가려고 출구나 계단으로 몰려가지 않도록 합시다. 사전에 대피 출구를 확인해두면 안심이 됩니다.

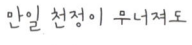

상황별 지진 대책 - 노래방 등에서

폐쇄된 공간에서는 최악의 상황을 예상하자

노래방이나 바 등의 폐쇄된 공간에서는 지진이 일어났을 때 우선 문을 열어 놓아야 합니다. 머리 위를 주의하면서 실내에서 대기하고 기본적으로는 종업원의 지시에 따라 대피합니다. 하지만 지진으로 화재가 발생하면 매우 위험합니다. 과거에는 제대로 된 대피 안내가 없었기 때문에 연기에 질식해 죽는 사람도 있었습니다. 자신이 방문한 가게에 반드시 '제대로 된 대피 안내 종업원'이 있다고는 할 수 없습니다. 상황을 잘 보고 화재가 일어나도 침착하게 스스로 판단해 신속하게 대피합시다. 가게에 들어가기 전에 비상구를 확인하는 습관을 들이면 더 안심이 되겠지요.

상황별 지진 대책 - 해안가에서

아주 높은 제방이 있다 해도 결코 방심해서는 안 됩니다!

메이지(明治)시대 쓰나미나 칠레 해안 지진 등 과거의 데이터에 의한 예측과 예상은 의미가 없습니다. 상대는 지구입니다. 만리장성으로 불리던 제방도 사람들에게 '안심'이라는 '방심'을 주고 말았을 뿐입니다. 자연계 속에서 인간에게만 안전한 상황은 결코 있을 리 없음을 미리 마음에 새겨둡시다. 절대 안심이라면 방재훈련이 필요도 없을 테니까…….

지진 = 쓰나미!

곧바로 해안에서 멀리 떨어져!
높은 곳으로 대피합시다

쓰나미는 반복해서 밀려옵니다
마음대로 판단하지 말고

경보가 해제될 때까지 주의합시다

상황별 지진 대책 - 산에서

낙석이나 미끄러져 떨어지는 것을 주의합시다

산의 지형에 따라 위험도는 상당히 다릅니다. 습지라면 산사태가 나서 진흙과 돌이 섞여 흘러내리거나 낙석이 있을 수 있으니 이를 피해 산등성이로 올라가는 것이 안전합니다. 위험한 등산로라면 미끄러져 떨어지지 않도록 쭈그리고 앉거나 큰 바위나 나무에 달라붙어 낙석에 주의합시다. 지진이 진정되면 길을 잃지 않도록 지도를 재확인하면서 안전한 길로 하산합시다.

안전한 루트로 하산합시다

산에서 지진이 일어났을 때는

절벽에서 떨어져

평평하고 안전한 장소로 대피합니다

이와테(岩手), 미야기(宮城) 내륙 지진에서는 산 전체가 많이 무너졌습니다

상황별 지진 대책- 회사에서

바퀴가 달린 복사기 등은 흉기가 될 수 있으므로 주의합시다!

회사는 비교적 튼튼한 건물 안에 있기 때문에 침착하게 이동합시다. 유리창은 파손될 위험성이 있으니 창문에서 멀리 떨어집시다. 서류 선반이나 사물함, 바퀴가 달린 복사기 등도 주의합시다. 지진이 멈추면 사무실 내의 안전을 확인하고, 불이 날 위험이 있는지 확인합니다. 그 다음에 대피합시다.

회사에 있을 때 지진이 발생했다면?

창문에서 떨어진다

우선 머리를 보호합니다

움직이는 사무기기에 조심하고

엘리베이터를 사용하지 말고 대피합시다

지진이 일어난 밤에 안전모를 쓰고 귀가하는 직장인

상황별 지진 대책 - 지하도에서

지하도는 혼란상태가 아니라면 의외로 안전합니다

지하도는 튼튼하게 만들어져 있습니다. 당황하지 말고 큰 기둥이나 벽에 몸을 붙이고 상황을 살펴봅시다. 가장 무서운 것은 화재와 무질서입니다. 화재가 발생하면 침착하게 주위 사람들과 협력해 불을 끕시다. 대피할 때는 몸을 숙이고 손수건으로 입을 막고 벽을 따라 대피합시다. 지하도는 출구가 여러 개 있으므로 침착하게 비어 있는 출구를 찾읍시다. 또 비상구에 도착해도 갑자기 옥외로 나가지 말고 반드시 주위의 상황을 확인하고 나서 밖으로 나가도록 합시다.

쇼윈도 등이 가까운 곳은 피할 것

정전이 되어도 조금 있으면 비상등이 켜집니다 당황하지 말고 상황을 살펴봅시다

한 곳의 출구로 몰려가면 매우 위험합니다

담당자의 지시에 따릅시다

상황별 지진 대책- 전철 안에서

큰 지진이 일어나면 전철은 정지합니다

지하철에서는 비상등이 켜지기 때문에

당황하지 말고 마음대로 내리거나 하지 않도록 담당자의 지시에 따릅시다

선로 위에서는 고압전선에 감전되거나 다른 전철에 치일 우려도 있으니까요

공황상태에 빠지지 말고 안내 방송에 귀를 기울입시다

전철은 강한 진동을 감지하면 긴급 정차합니다. 좌석에 앉아 있는 경우는 낮은 자세를 취하고 가방 등으로 머리를 보호합시다. 서 있을 때는 난간이나 손잡이를 꽉 쥐고 넘어지지 않도록 합니다. 정차 후에 승무원의 지시에 따릅시다. 그렇지만 홋카이도(北海道)의 터널 탈선사고에서는 승무원이 지나치게 매뉴얼대로 한 나머지 연기가 나는데도 불구하고 화재의 가능성을 고려하지 않고 승객을 위험에 빠뜨렸습니다. 때와 경우에 따라 스스로 생각해 서로 도우며 행동합시다.

신칸센의 안전성은 유명하지요

상황별 지진 대책 - 도심에서

하늘에서 떨어지는 낙하물에 주의합시다

지진이 일어났을 때 도심의 하늘에서 간판이나 유리창이 떨어지고 사람들이 여기저기 도망가는 영상을 텔레비전에서 본 적이 있을 것입니다. 유리창은 콘크리트에 떨어지면 산산조각 나서 파편이 사방으로 흩어집니다. 또 인도가 위험하다고 도로 중앙으로 대피해도 달리는 차 때문에 큰 사고가 날 수 있습니다. 머리 위뿐만 아니라 달리는 자동차에도 주의해야 합니다.

끊어진 전선도 조심하세요

간판이나

외벽, 타일, 유리창이 떨어질지도 모르기 때문에 주의합시다

튼튼한 건물 안으로 대피합시다

차도를 달리고 있는 차에도 주의할 것

상황별 지진 대책 - 욕실에서

목욕 중에 지진이 일어나면

욕실은 벽으로 둘러싸여 있고 천정에서 떨어질 낙하물이 없는 만큼 안전한 편입니다

흔들림이 멈추면 옷을 입고 대피합니다

알몸이 가장 위험합니다 물론 욕조의 물은 버리지 말 것

'알몸'이 가장 위험합니다

지진은 때와 장소를 가리지 않습니다. 목욕 중에 지진이 발생하면 우선 탈출구를 확보합시다. 욕실은 벽과 기둥으로 둘러싸여 있어서 비교적 안전합니다. 흔들림이 심할 때는 욕조를 잡고 상황을 지켜봅시다. 또 거울이나 유리 파편에 의한 부상에 주의할 것. 알몸으로 넘어지면 위험하므로 지진이 멈추면 옷을 입읍시다.

문을 열어두는 것을 잊지 마세요

상황별 지진 대책- 차 운전 중일 때

**급 브레이크는
사고의 원인!**

비상등을 켜고 우선 앞뒤 차에 주의하면서 서서히 속도를 늦추고 우측의 길가에 일단 정차합니다. 상황을 보고 가능하면 옆길로 빠지든지 가까운 주차장이나 광장에 차를 주차합니다. 라디오를 통해 지진 규모나 피해 상황을 듣고 주위 상황을 확인합니다. 통행금지 구역 안이나 도로 위에 어쩔 수 없이 주차할 경우는 열쇠를 꽂은 채로 둡니다. 귀중품은 가지고 갑시다.

흔들림을 느끼면 비상등을 켜고

도로 우측으로
정차하고

자동차 라디오로
재해정보를 듣고
정보를 수집합시다

3월 11일 동일본 대지진 때
도쿄는 심한 교통 혼잡

어쩔 수 없이
도로 위에 주차할 경우는
열쇠는 꽂은 채로
문을 잠그지 말고
대피합시다

상황별 지진 대책- 고속도로에서

자신의 판단으로
멋대로 행동하지 마세요

고속도로에서 지진이 나면 감속하고 우측에 붙여 정차합시다. 라디오나 표시 등을 통해 정보를 모으고 경찰, 순찰차의 지시를 기다려 행동합니다. 2차 재해방지를 위해 자신의 판단으로 행동하지 않는 것이 중요합니다. 대피할 경우는 차 안에 연락처 메모를 남기고 창문을 닫고 열쇠를 꽂은 채로 둡니다. 귀중품을 들고 도보로 대피합시다. 고속도로에서는 일정 구간마다 비상구나 계단이 설치되어 있습니다.

지진이 났을 때
고속도로는 폐쇄됩니다

상황별 지진 대책- 슈퍼마켓에서

진열 선반에 주의

유리제품이나 도자기, 진열 선반 상품 등이 낙하하거나 넘어지는 것에 주의합시다. 엘리베이터 근처나 비교적 상품이 적은 장소, 기둥 근처의 안전한 장소에서 상황을 지켜봅니다. 출구로 몰려가지 말고 담당 직원의 지시에 따릅시다. 평소 쇼핑할 때 비상구를 확인해두면 안심이 됩니다.

상황별 지진 대책 - 경기장에서

**운동장 안은
낙하물이 없기 때문에
안전!**

경기장은 쉽게 무너지지 않는 건물이고, 최신 기술로 만들어진 돔 구장 등은 내진 설계로 만들어져 있습니다. 오히려 지진보다 무서운 것은 관객이 공황상태에 빠지는 일입니다. 지진이 발생하면 자신의 좌석에 앉아 있는 것이 가장 안전합니다. 가능한 한 의자와 의자 사이에 몸을 작게 움츠리고 상황을 지켜봅시다. 안내 방송이 나오고 담당 직원의 안내가 있을 때까지 그 자리에서 기다릴 것. 또 함께 온 사람과 헤어지지 않도록 조심합시다.

옥외형 운동장에서 지진이 일어나면

낙하물에 주의하면서 진동이 멈출 때까지 기다립시다

낙하물 걱정이 없는 옥외형 운동장은 비교적 안전합니다
담당자의 안내를 따라 운동장으로 대피하는 것도 가능합니다

출구나 통로가 좁기 때문에 담당자를 따라 대피합니다

당황해서 움직이다
부상을 입는 경우가 많다

상황별 지진 대책- 에스컬레이터에서

**에스컬레이터에서
넘어지면 큰 부상을
입을 수도 있어요**

지진이 일어났을 때 의외로 에스컬레이터 사고는 많이 일어납니다. 그 원인의 대부분이 넘어지거나 떨어지는 사고로, 아이와 고령자가 당하는 경우가 많습니다. 고무 재질의 신이 끼거나 유아가 떨어뜨린 물건을 집으려다 손가락이 절단된 경우, 고령자가 발을 잘못 디뎌 넘어지거나 쓰러지는 등……. 한순간의 방심이 큰 부상을 가져옵니다. 정전으로 인한 에스컬레이터 급정지도 매우 위험합니다. 평소에 한눈 팔지 말고 벨트를 손으로 잡고 타도록 주의합시다.

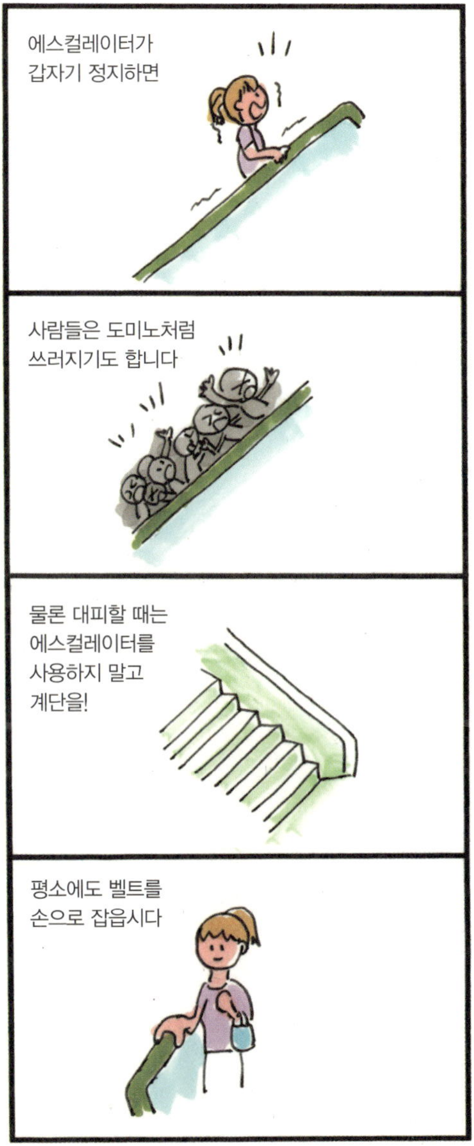

에스컬레이터가 갑자기 정지하면

사람들은 도미노처럼 쓰러지기도 합니다

물론 대피할 때는 에스컬레이터를 사용하지 말고 계단을!

평소에도 벨트를 손으로 잡읍시다

서둘러 가야 할 때는 에스컬레이터를 이용하지 않는다

상황별 지진 대책- 엘리베이터에서

지진이 일어났을 때 엘리베이터는 자동으로 정지합니다

가장 가까운 층에서 정지할 테지만…

오래된 엘리베이터에는 그런 기능이 없을 수 있으므로

모든 층의 버튼을 누르자

갇혔을 경우에는…

비상용 호출 버튼으로 도움을 청합시다

갇혔을 때가 무서운 엘리베이터

엘리베이터 안에 갇혀버렸을 때는 당황하지 말고 비상용 호출 버튼이나 인터폰으로 서비스 회사에 도움을 요청합시다. 만일 인터폰이 연결되지 않는 경우는 엘리베이터 안에 표시된 서비스 회사나 소방서에 직접 전화합니다. 또한 지진이 일어났을 때는 동시에 비슷한 사고가 많이 발생합니다. 반드시 곧바로 달려와 도와준다고 할 수 없으니 침착하게 기다립시다.

엘리베이터 관리회사 혹은 소방서에 연락합시다

상황별 지진 대책- 전철역에서

**낙하물에 주의하고
침착하게 행동합시다**

전철역에는 자동판매기, 안내표시판, 모니터용 텔레비전 등 지진이 일어났을 때 위험한 것들이 많습니다. 홈에서 전철을 기다리고 있을 때 지진이 일어나면 우선 머리를 가방 등으로 보호하고 안전한 기둥 뒤로 대피합시다. 혼잡한 시간대에 역 안에 사람이 가득하면 머리를 감싸고 웅크려 쓰러지지 않도록 합시다. 혼란 상태에서 우르르 겹쳐 쓰러지는 것이 가장 위험합니다.

손잡이,
난간을 꽉 잡고

상황별 지진 대책- 폭설이 내렸을 때

**눈이 쌓인 집은
지진에 매우 취약합니다**

무엇보다도 눈은 무겁습니다! 눈의 종류에 따라 다르지만 눈의 무게만 몇 톤이나 됩니다. 무거운 눈은 흉기로 변합니다. 지붕에서 눈이 무너져 지붕 아래에 세워놓은 차의 범퍼가 찌그러지거나 사람이 생매장되는 경우도 있어 큰 사고로 이어질 수 있습니다. 간신히 눈 무게를 견디고 있는 집은 지진에 취약합니다. 방재대책으로 '눈 청소'는 중요하지만 작업은 혼자 하지 않도록 합시다.

폭설에는

눈의 무게로 가옥이 삐걱거립니다

끽, 끽

이런 때 혹시 지진이 일어나면 무너질 위험도…

눈을 쓸어내어 위험을 피합시다

집 밖의 눈에도 주의

벽돌 벽에는 가까이 가지 마세요

**오래된 벽돌 벽은
특히 위험해요**

과거에 지진이 일어났을 때 벽돌 벽 아래에 깔려 죽은 사람이 있었습니다. 아이들 통학로나 평소 노는 장소에 위험한 곳이 있는지 부모의 눈으로 확인해 둡시다. 돌 구조물, 자동판매기 등 가까운 곳에도 위험은 가득 있습니다. 또 위험한 장소를 파악하면 곧 아이에게 이야기해 주의시켜 놓읍시다.

과거 지진이 일어났을 때 벽돌 벽이 무너져…

사람이 아래에 깔리는 피해가 일어났습니다

지진을 감지하면 도망갈 곳이 없는 골목으로는 가까이 가지 말 것

자동판매기나 돌로 만든 구조물 등도 조심합시다

아이들에게도 일러둡시다

지진으로 가스가 차단되었을 때

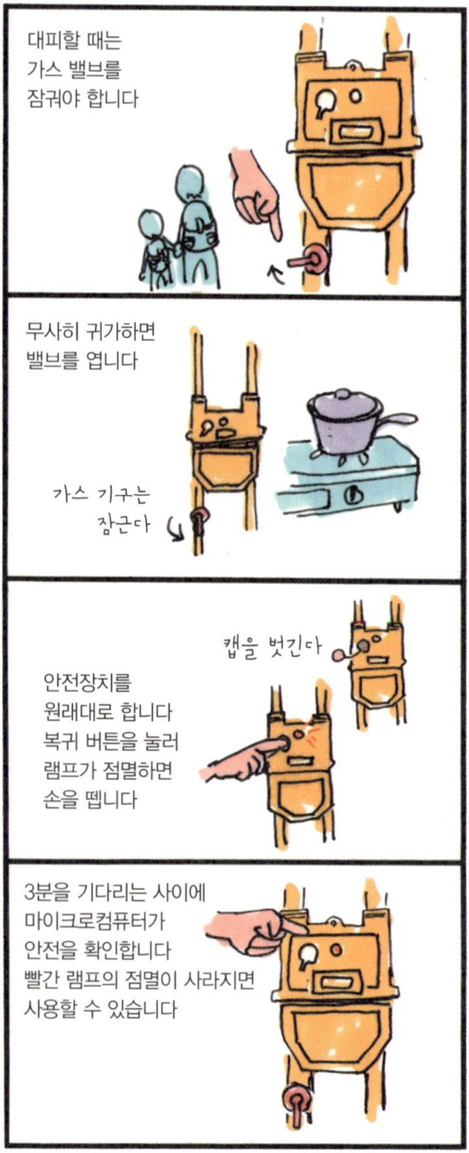

대피할 때는
가스 밸브를
잠궈야 합니다

무사히 귀가하면
밸브를 엽니다

가스 기구는
잠근다

캡을 벗긴다

안전장치를
원래대로 합니다
복귀 버튼을 눌러
램프가 점멸하면
손을 뗍니다

3분을 기다리는 사이에
마이크로컴퓨터가
안전을 확인합니다
빨간 램프의 점멸이 사라지면
사용할 수 있습니다

**지진이 발생하면
자동으로 안정장치가
작동합니다**

가스 미터기가 들어 있는 문을 열고 미터기에 붙어 있는 복귀 버튼을 누릅니다. 3분이 지난 후에 빨간 램프의 점등이 사라지면 가스를 사용할 수 있습니다. 3분이 지나도 빨간 램프가 점멸하고 가스가 켜지지 않으면 가스 밸브 잠그는 것을 잊었거나 가스 기기 잠그는 것을 잊지 않았는지 다시 확인해주세요. 가스 냄새가 나면 절대로 불을 붙이거나 환풍기, 전기 스위치를 켜서는 안 됩니다. 아무것도 만지지 마세요. 가스 밸브와 미터기 밸브를 잠그고 창문을 열어 환기시킨 다음, 바로 가스회사에 연락하세요.

가스 냄새가 날 때
복귀 버튼을 누르지 않는다

대용품으로 여진에 대비하자

방재 용품이 없어도
주변의 물건으로 대응하자

지진이 발생하면 당황해서 방재 용품을 준비하는 사람이 많습니다. 저도 지진 직후에 홈 센터나 '1000원 숍'에 가 보았지만 예상대로 방재 관련용품은 모두 품절! 이럴 때는 주변의 물건을 응용합시다. 장롱 등의 가구와 천정 사이의 공간은 종이상자와 신문지를 이용해 지지대 대용으로 단단히 메워 놓으면 가구가 잘 쓰러지지 않습니다. 종이상자는 가볍지만 빈 틈을 매워줌으로써 가구가 넘어지는 것을 매우 잘 막아줍니다. 고무줄이나 고무장갑(손목 부분)을 감은 종이상자는 가구에 단단히 밀착되어 미끄러짐을 방지할 수 있습니다. 집에 있는 것을 이용해서 여진에 대비합시다.

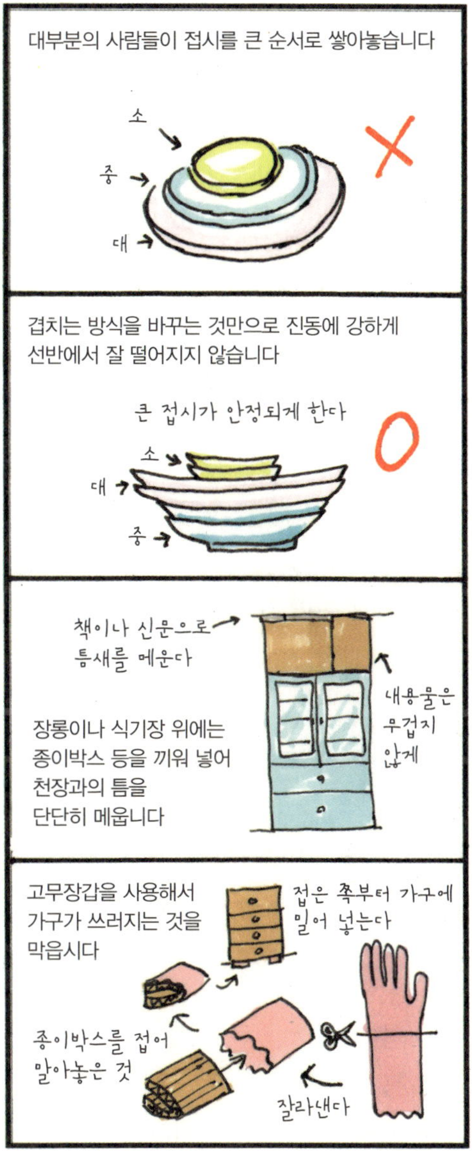

접은 종이박스를 고무줄로 묶는 것만으로도 도움이 됩니다

대부분의 사람들이 접시를 큰 순서로 쌓아놓습니다

소 / 중 / 대 ✗

겹치는 방식을 바꾸는 것만으로 진동에 강하게 선반에서 잘 떨어지지 않습니다

큰 접시가 안정되게 한다

소 / 대 / 중 ○

책이나 신문으로 틈새를 메운다
내용물은 무겁지 않게
장롱이나 식기장 위에는 종이박스 등을 끼워 넣어 천장과의 틈을 단단히 메웁니다

고무장갑을 사용해서 가구가 쓰러지는 것을 막읍시다
접은 쪽부터 가구에 밀어 넣는다
종이박스를 접어 말아놓은 것
잘라낸다

지진이 일어났을 때 행동요령

079

3

불이 났을 때 행동요령

소화기 사용법을 알아두자

침착하게 초기 진화를 잘해야 해요

소화기를 불이 난 곳까지 가지고 온 다음 안전핀을 뽑습니다. 호스는 불을 향하고 손잡이를 강하게 잡습니다. 힘이 부족한 사람은 소화기를 지면에 세우고 위에서 체중을 실어서 손잡이를 누릅니다. 이러면 소화액이 분사되기 쉬워집니다. 타오르는 불꽃이나 연기가 아니라 '타고 있는 것'을 향해서 빗자루로 쓸 듯이 좌우로 뿌립니다.

지진으로 화재가 발생하면 먼저 외친다
불이야!

소화기가 있을 때는 불에 가까이 대고 고정 핀을 뽑는다

호스는 불을 향하고 손잡이를 잡고 불을 끈다

소화액이 나오는 시간은 몇 초 정도이다
침착하게 불을 끄자

벌써 끝이야!?

젖은 수건이나 모포를 덮어서 불을 끄는 방법도 있어요

불이나 연기로부터 안전하게 피해요!

화재 사망 원인의 대부분은 연기입니다

만약에 초기 진화가 안 되어 천정까지 불이 옮겨 붙었다면, 자신이나 다른 사람의 안전을 확보하기 위하여 소방서에 도움을 요청하세요. 연기가 방과 복도에 가득 찬 경우에는 손수건이나 수건으로 입과 코를 막고 연기를 마시지 않도록 자세를 낮추어서 대피하세요.

불이 사람 키만큼 커졌다면 우선 피한다!

자세를 낮추고 가능한 한 빨리 피한다!

아파트는 문을 잠그고 다른 방으로 옮겨 붙지 않도록 한다

그리고 두고 온 것이 있더라도 불난 곳으로 절대로 돌아가지 않는다

가족 모두 침실에서 현관까지 대피훈련을 합시다

불붙은 옷을 주의하세요

화학섬유로 된 옷에 불이 옮겨 붙으면 큰 화재로 이어집니다

불이 옷소매에 옮겨 붙거나 전열기의 열 때문에 옷에 불이 붙는 사고는 많이 발생합니다. 대부분은 70세 이상의 고령자입니다. 화학섬유로 된 옷은 불이 붙으면 피부에 붙어서 탑니다. 심한 화상으로 목숨을 잃을 수도 있습니다. 정전 시 촛불 사용에도 주의해야 합니다.

화려한 할머니

주름이 잡히지 않는 화학섬유 옷을 좋아해요

화학섬유는 불이 붙으면…

빠른 속도로 번져 전신 화상의 위험이 있습니다

소매 있는 앞치마

4

쓰나미가 일어났을 때
행동요령

만약의 경우 '쓰나미 대피요령'

옛날부터 전해오는 '쓰나미 경고'

쓰나미다!

부자간에도 서로 찾지 말고 각자 피하라는 교훈입니다

가마이시(釜石)시의 초등학교에서는 교사의 지시를 기다리지 않고 초등학생, 중학생이 스스로 대피했습니다

피해라

최대한 높은 곳으로 대피했습니다! 모두의 안전을 확인하고 5분 뒤 학교는 쓰나미에 잠겨버렸지요

'서로 앞 다투어'가 아니고 '솔선 대피'

옛날부터 쓰나미로 고생한 산리쿠(三陸) 지방에 전해오는 '쓰나미 대피요령'. 이와테현(岩手縣) 가마이시시의 학교에서는 이런 교훈에서 '1초라도 빨리 자신의 판단으로 가능한 한 높은 곳으로 피하라'는 방재훈련을 평소에 해 온 덕분에 동일본 대지진이 일어났을 때 학생들의 목숨을 지킬 수 있었습니다. 다른 사람보다 빨리 피하려고 하면 덩달아서 모두 서둘러 피하게 됩니다. 그 결과 덩달아서 피한 사람들의 목숨도 구할 수 있습니다. 1초가 생사를 가르는 쓰나미 재해에는 '솔선 대피'가 중요합니다.

우물 물이 마르면 쓰나미가 옵니다

**조상들의 지혜를
한 번 더 떠올려보자**

오랜 옛날부터 천재지변을 두려워하던 우리들. 여러 가지 전설로 자손들에게 경고를 전달해왔습니다. 무궁한 대자연의 경이로움을 모두 이해하고 자연과 싸우는 것이 아니라 공존하려고 했던 조상들의 지혜입니다. 지금 한 번 더 지진 예측이란 관점에서 검증해보는 것도 좋지 않겠습니까?

우물이 마른다

풍어(豊漁)가 계속된다

이것은 지진이 오는 전조라는 전설이 있습니다

동일본 대지진 전에도 산리쿠 지방에서는
풍어가 계속되었으며
우물이 마르거나 혼탁해지는
이상한 현상이 있었습니다

우리들은 자연이 보내는
경고를 놓쳐버린 것인가요

산 속에도 쓰나미가 닥칠 수 있어요

동일본 대지진으로 저수지의 제방이 무너져

2차 세계대전 이후 바로 만들어진 저수지

하류에 있는 마을을 탁류가 휩쓸어버렸습니다

집도 사람도 자동차도 모두 쓸어버렸습니다
설마 산 속에서 쓰나미가 일어나리라고는 생각도 못했습니다

저수지는 농업용이었기 때문에 논에 물을 대지 못하여 농사를 지을 수 없게 되어버렸습니다.
산 속에도 쓰나미가 올 수 있어요

지식이 있으면
자신의 목숨을 구할 수 있어요

동일본 대지진이 일어난 날, 후쿠시마현(福島縣) 스카가와시(須賀川市)에서 발생한 '저수지 붕괴'는 500미터 하류에 있던 마을에 산 쓰나미가 되어 덮쳤습니다. 많은 나무와 흙을 휩쓸면서 집과 자동차와 공장을 덮쳤으며 생명을 앗아갔습니다. 붕괴된 후지누마(藤沼) 저수지는 캠핑장 등을 갖춘 시민의 휴양시설이었다고 합니다. 저수지는 모든 물을 흘려버리고 바닥을 드러내 농업용수도 쓸 수 없게 되었습니다. 다시 한 번 집 부근에 위험한 곳이 없는지 확인해 봅시다.

검은 물이 온다!

5

호우, 태풍, 돌풍, 번개,
산사태, 눈사태에서
살아남기

땅의 위험을 알아두자

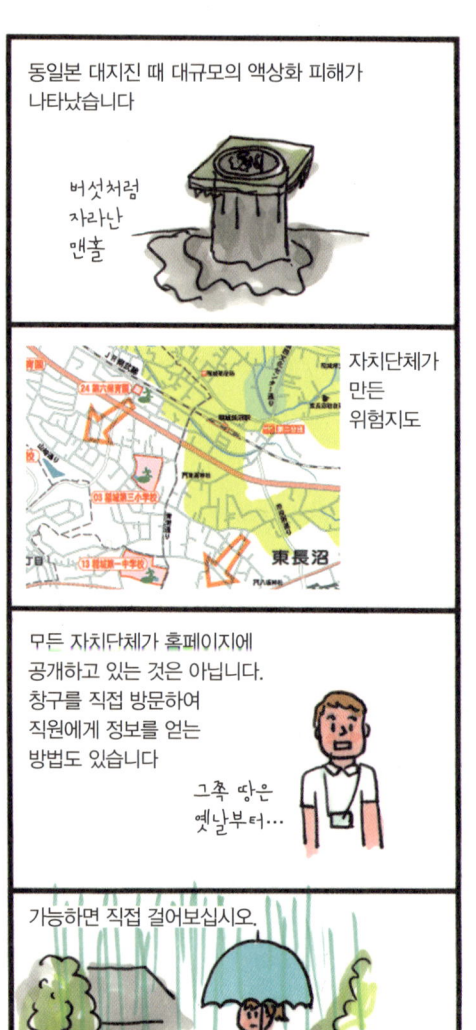

지진, 태풍, 수해, 액상화…
재해 위험을 알자

언덕 위에 살고 있을 때 호우가 발생하면 물이 흘러가는 길이 있다는 것을 목격한 적이 있습니다. 비는 아스팔트를 지나 강물처럼 흘러서 가장 낮은 길로 흘러들어갔습니다. 이 때문에 길에 인접한 반 지하 상점이나 주택은 칸막이를 치거나 흙주머니를 쌓거나 했습니다. 즉 아무것도 아닌 마을에 생각하지도 못한 위험이 있다는 점입니다. 그리고 전봇대 등에 '여기까지 온 홍수 흔적 기록' 표시가 있는 곳도 있습니다. 주의해서 봅시다. 액상화*에 대해서는 토지 이력을 조사해보는 것이 중요합니다.

* **액상화** : 지하수의 수위가 높은 모래 지반에 지진이 발생하여 지반 전체가 액체처럼 되는 현상

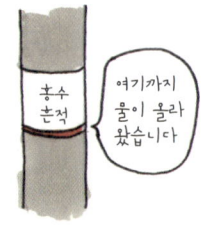

태풍에 대비하자

**스스로 할 수 있는
대책을 세웁시다**

창이나 출입문은 단단하게 열쇠를 걸어두고 필요하면 바깥쪽에 판자로 보강합니다. 바람으로 날려갈 위험이 있는 건조대나 작은 개집 등은 고정해 둡시다. 라디오나 텔레비전으로 최신 기상정보를 체크합니다. 토사 재해의 위험이 있는 장소는 특히 주의하세요. 비상 가방을 준비하고 대피할 곳도 확인해 둡시다.

배수관, 물웅덩이 등의 물길 청소

금이 간 축대는 보수 공사를 합시다

갈라진 땅이나 무너질 위험이 있는 경사지 등은 천막을 덮어두고…

불안정한 돌 등은 치워둡니다.
무너질 듯한 곳은 판자로 보강합시다

화분도 집으로 대피

호우, 태풍, 돌풍, 번개, 산사태, 눈사태에서 살아남기

보도된 강우량을 알아두자

시간당 강우량 10~20밀리리터. 빗소리가 시끄러운 정도

시간당 강우량 20~30밀리리터. 이른바 소나기

시간당 강우량 30~50밀리리터. 양동이로 쏟아붓는 듯한 비

시간당 강우량 50~80밀리리터. 폭포처럼 내리는 비

재해정보에서 호우, 장마의 위험을 알자

최근 집중호우에 의한 수해, 토사 재해가 빈발하고 있습니다. 보도되는 재해정보의 강우량은 실제로 어느 정도인지 정확히 이해해두자. 그리고 홍수위험 지도에서 자신이 사는 지역의 재해에 대한 위험도도 파악해두자. 행정기관의 홈페이지 등에서 알아볼 수 있습니다. 토사 재해의 대부분은 장마나 집중호우로 일어납니다. 호우가 아니라도 시간당 100밀리리터 이상의 강우량이면 주의합시다.

태풍의 진로에 들어가면 주의합시다

입지조건에 적합한 대책을 세우자

텔레비전, 라디오 등을 통해 기상정보에 예의주의합시다. 재해위험 지도를 확인합시다. 지자체에 따라서는 '흙 포대'를 배포하는 곳도 있습니다. 비상가방을 준비하고 정전에 대비하여 대피장소도 확인해둡시다. 가족이 있는 곳을 확인하고 위험한 시간대에는 외출을 자제합시다.

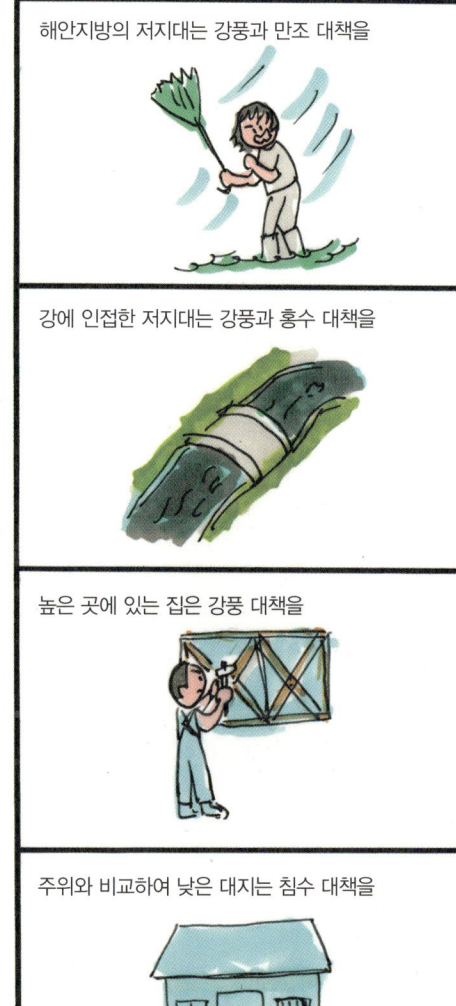

해안지방의 저지대는 강풍과 만조 대책을

강에 인접한 저지대는 강풍과 홍수 대책을

높은 곳에 있는 집은 강풍 대책을

주위와 비교하여 낮은 대지는 침수 대책을

경보가 들리지 않는 경우도 대비!

갑자기 호우가 내릴 때는 운전에 주의합시다

많은 비가 내릴 때는 홈이 파인 곳을 피하고 속도를 줄입니다

위험 수위에 달하는 것은 순식간입니다

침수된 도로를 달리는 것은 매우 위험합니다. 수심을 알 수 없으며 물에 잠겨 도로에 장애물이 있어도 알 수 없기 때문입니다. 과거에 선로의 아래를 지나는 고가도로의 물웅덩이에 자동차가 빠져 탈출하지 못하고 차에 타고 있던 사람이 익사한 사고도 있었습니다. 그리고 엔진에 물이 들어가면 수리하지 못하고 폐차할 수밖에 없습니다.

침수된 도로는 천천히 달리든 빨리 달리든 위험합니다

물에 잠기면 문을 열 수 있을 때 대피합시다

침수된 자동차로 이동할 때는 특히 주의가 필요합니다

많은 비가 올 때는 브레이크나 핸들이 듣지 않는 '수막(hydroplaning)' 현상도

우와~~

호우, 태풍, 돌풍, 번개, 산사태, 눈사태에서 살아남기

절벽 붕괴의 전조를 알아두자

호우 때는 빠른 대피를!

절벽 붕괴는 표면의 풍화토층이 급속하게 무너지는 현상입니다. 발생 후에는 도망갈 수 없으므로 무엇보다 미리 대피하는 것이 중요합니다. 그러기 위해서는 사전에 위험한 곳을 알아 둡시다. 절벽 가까운 곳에 살고 있는 사람은 장마나 태풍 때에는 시간당 강수량에 주의해야 합니다.

지진으로 지반이 흔들리면 많은 비로 토사 재해가 발생할 우려가 있습니다

절벽에 틈이 생기고 지하수 등 물이 솟아나며 멈추지 않습니다

작은 돌이 떨어지는 이상한 소리가 납니다. 혼탁한 물이 대량으로 뿜어져 나옵니다

최대한 빨리 대피합시다

최근 몇 년 동안 토사 재해의 위험이 높아지고 있어요

토사 급류의 전조에 주의하자

원인은 많은 비, 지진, 화산분화

토사 급류란 산이나 계곡의 토사가 많은 비 등으로 무너져 물과 섞여 엄청난 위력으로 아래로 흘러가는 것입니다. 지방에 따라서는 '산 쓰나미' 혹은 '대포 물' 등으로 부르는 곳도 있습니다. 그리고 축적된 화산재에 비가 내리면서 일어나는 토사 급류도 있습니다. 토사 급류는 예측하기 어렵기 때문에 신속하게 대피합시다. 과거에 대피권고가 발령되어 대피하던 도중에 강의 수위가 낮은 것을 보고 '아직 괜찮아'라고 잘못 판단한 사람이 집으로 되돌아가 피해를 입은 경우도 있었습니다.

비가 계속 내리고 있는데도 강의 수량이 줄었다거나

강물이 탁하고 나뭇가지 등이 떠내려가거나

산울림 소리가 나거나 하면 위험!
"산이 울고 있어"

토사 급류는 자동차 정도의 속도로 집이나 밭을 파괴합니다.

"아직 강 수위에 여유가 있는데"

폭우가 내릴 때에는 강에 가까이 가지 맙시다

관개수로도 위험해요

작은 하천, 농업용수, 배수로, 연못 공원 등은 호우로 인해 물이 불어나 위험한 상태라고 생각합시다. 예전에 맨홀 뚜껑이 불어난 물을 견디지 못하고 열렸는데, 침수된 도로를 걷고 있던 사람이 맨홀에 빠지는 사고도 있습니다. 배수로 부근을 걸을 때는 물이 차면 벗겨지기 쉬운 장화보다 운동화로 바닥을 확인하면서 걷는 것이 좋습니다.

물의 흐름은 사람의 상상을 초월해요

수심 20센티미터에도 문은 열리지 않아요

'집중호우' '폭우'는 사람들의 예상을 넘는 속도로 위협을 가합니다. 지하 맨홀에서 작업을 하던 남성이 대피하지 못하고 물에 떠내려가 사망한 사고도 있습니다. 또 자택의 지하실에 있던 남성과 농수로를 확인하러 간 남성도 사고를 당했습니다. 주위의 익숙한 장소에서 재해를 당할 위험이 있다는 것을 기억해 둡시다.

잦은 집중호우 양동이를 쏟아 부은 듯한 비

수심이 20센티미터만 돼도 문은 열리지 않습니다

지하실은 아무리 염려되더라도 상태를 확인하러 가지 말 것

자동차 배기관으로 물이 들어가면 엔진이 고장 납니다

차내 탈출용 망치

호우 시에는 가정의 배수를 자제하자

**한계에 다다른 하수도에
생활 배수를 흘려보내지 맙시다**

침수 피해의 대부분은 반 지하 주차장, 지하실, 웅덩이 등에서 발생합니다. 도시에서는 아파트나 빌딩 혹은 도로포장의 영향으로 빗물이 땅속으로 스며들지 못하는 것도 원인 가운데 하나입니다. 호우 시에는 지하 하수도관에 가정 배수까지 흘러가면 지하 하수도관의 물이 증가하여 넘쳐난 물 때문에 침수 피해가 확대될 수도 있습니다. 집중호우 시에는 하수도의 부담을 줄이기 위하여 목욕이나 세탁을 자제하여 많은 물을 흘려보내는 것을 피합시다.

집중호우 때는

빗물의 배수를 방해하지 않는 것이 중요
도로 침수, 주거 침수의
원인이 됩니다

배수로 청소

호우 시에는 목욕탕 물을
흘려보내거나
빨래는 하지 않도록

배수구에서 흙탕물이
역류할 수 있기 때문에
흙 포대를 만들어
막아둡시다

맨홀 뚜껑이 빠지는
경우도 있습니다

호우, 태풍, 돌풍, 번개, 산사태, 눈사태에서 살아남기

집에서 만든 흙 포대로 피해를 막자

직접 만든 흙 포대는
판자 등과 겹쳐서 사용해요

토목공사 현장이나 수해 등의 자연재해 지역에 빼놓을 수 없는 것이 흙을 넣은 '흙 포대(마대)'입니다. 자치단체에 따라서는 무료로 배포하는 곳도 있습니다. 크기는 다양하지만 수 십 킬로그램의 흙이 들어 있기 때문에 당연히 무겁습니다! 위급한 상황에서 현관 등 침수되기 쉬운 곳에 임시로 흙 포대를 놓아두는 것만으로도 침수를 막을 수 있습니다. 그리고 흡수성이 있는 고분자 흡수 재료를 사용한 가정용 흙 포대도 마트에서 판매하고 있습니다.

쓰레기봉투 2장을 겹칩니다.
정확하게는 '흙 포대'가 아니라 '물 포대'입니다.

물을 넣고 입구를 묶습니다.
침수되기 쉬운 장소에 둡니다

판자와 겹치거나

천막 등으로 싸서
상자나 바구니 등으로
겹쳐놓습니다.

비 오는 날 산책하면서
주위의 상황을 관찰해 둔다

회오리바람에 대비하자(실내)

돌풍이 발생하는 전조 현상에 주의하세요

회오리바람 등 돌풍을 정확히 예측하는 것은 불가능하지만, 회오리바람을 일으키는 적란운이 형성되는 전조는 다음의 4가지입니다.

❶ 검은 구름이 다가오며 주위가 갑자기 어두워진다.
❷ 천둥소리가 나며 번개 빛이 번쩍인다.
❸ 차가운 바람이 분다.
❹ 커다란 우박이 내린다.

이상과 같은 현상이 일어나면 회오리바람이 발생할 가능성이 있다고 생각하세요.

창문을 꽉 닫고 유리의 산란을 방지하기 위하여 커튼도 친다

1층으로 이동하고 가능하면 창이 없는 방으로 이동

탁자 밑에 엎드리고 몸을 움츠리고 머리를 감싼다

만약 지하실이 있다면 여기로 대피하자

회오리바람에 대비하자(실외)

야외에 있는 차고, 창고, 가건물 등은 위험합니다

창문, 문을 닫습니다

전봇대나 큰 나무도 넘어지는 경우가 있으므로 위험합니다

튼튼한 건물의 틈 속에 몸을 웅크리고 있습니다

몸을 웅크리고 머리를 보호합시다

회오리바람은 돌풍의 일종으로 수명이 짧은 반면에 맹렬한 바람을 동반하여 폭풍과 같이 건물 등에 커다란 피해를 줍니다. 회오리바람을 발견하면 가급적 빠르게 튼튼한 건물 속으로 피하세요. 주변에 '튼튼한 건물'이 없는 경우는 수로나 웅덩이에 엎드리고 몸을 웅크려 머리를 보호합니다. 세계에서 발생하는 회오리바람의 80%는 미국에서 발생합니다. 이러한 미국에서는 대피용 지하실을 마련해놓은 집도 많습니다.

토네이도

번개를 피할 때 중요한 것

번개는 장소를 가리지 않고 떨어집니다

바깥에서 위험한 곳은 골프장이나 해안 등 넓은 평지입니다. 이러한 장소에 선 채로 있는 것은 매우 위험합니다. 낚싯대, 우산 등 긴 물건을 머리 위로 올리지 말고 바로 멀리 둬야 합니다. 그리고 빨리 건물이나 자동차 안으로 대피합니다. 이러한 대피 장소가 없는 경우는 가능한 한 자세를 낮추고 웅덩이 등의 낮은 장소로 이동합니다. 그리고 목조건물 내부도 기본적으로는 안전하지만 전기기구, 천정, 벽에서 1미터 이상 떨어지는 것이 좋습니다.

번개가 발생하면

번쩍

높은 나무나 넓게 펼쳐진 나무 아래로부터 피하기!

건물 안으로 대피합니다

자동차 안으로 대피하는 것도 좋습니다
자동차 밖은 위험합니다

번개 귀신이 잡으러 올라~

택지 조성지의 위험을 알아보자

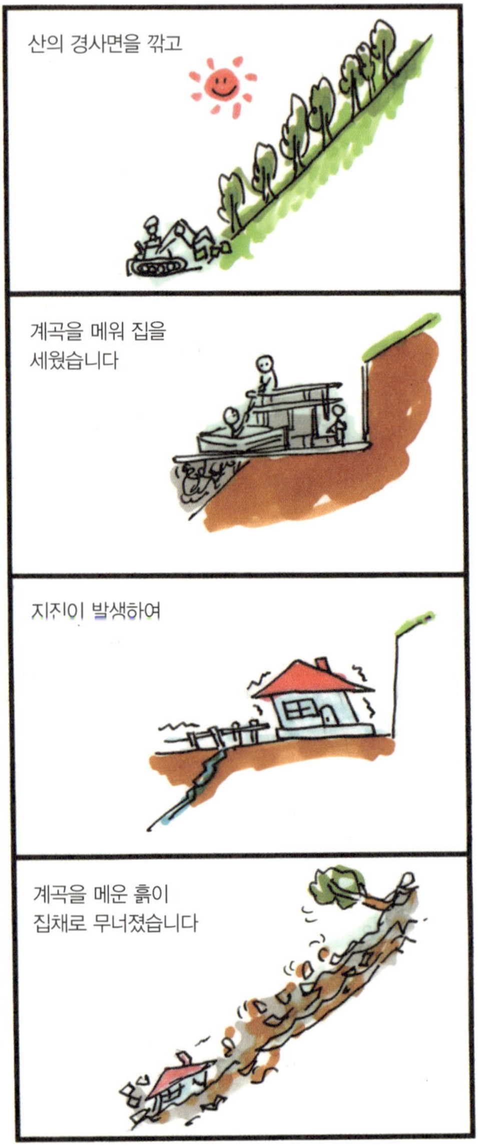

산의 경사면을 깎고

계곡을 메워 집을 세웠습니다

지진이 발생하여

계곡을 메운 흙이 집채로 무너졌습니다

과거의 지형이 영향을 미친 지진 피해

동일본 대지진에서는 택지 조성지에 세운 주택의 지반침하나 융기가 발생하였습니다. 주택이 많이 기울고 집의 기반이나 벽이 무너졌습니다. 토지가 옛날에는 어떤 곳이었는지 알아봅시다. 바다, 강, 연못, 계곡이었던 곳은 주의가 필요합니다. 옛날 지도를 보거나 오랫동안 거주한 사람에게 물어보면 좋겠죠.

옛날 지도로 과거에는 어떠한 지형이었는지를 확인

지반붕괴의 전조 현상을 알아채자

경사면 이동으로 발생하는 전조 현상에 주의

지반붕괴로 인하여 경사면이 급격하게 이동하여 땅 울림이 발생합니다. 지면이 변형되거나 이동하는 것으로 건물 등이 기울거나 삐걱거림이 발생하고 집에서 소리가 납니다. 경사면이 이동하면 그 주변에 요철이 발생합니다. 이러한 전조 현상이 나타나고 지반붕괴로 주택이 무너질 위험이 있으면 대피합시다.

지면이 천천히 움직인다

눈사태에서 살아남기

지진으로 눈사태가 발생했을 때는

수영하듯이 눈을 헤쳐 일어납니다

그래도 안 되는 경우는 질식하지 않도록 얼굴을 손으로 감쌉니다

손발을 펴면 움직일 수 없게 될 수도 있으니 몸을 웅크리고 공간을 확보합니다

순간의 판단이 생사를 가릅니다

눈사태에 휩쓸렸다면 입을 막고 눈 속을 수영하듯이 헤쳐 일어납니다. 입을 막는 것은 입으로 눈이 들어가서 숨을 쉴 수 없는 위험이 있기 때문입니다. 만약 헤쳐 일어날 수 없는 경우는 양손을 사용하여 입 주위에 공간을 만듭니다. 눈 속에 파묻혔을 경우 몸을 웅크리고 천천히 호흡하며 구조를 기다립니다. 눈에 매몰되고 15분 정도 지나면 급속하게 생존율이 떨어집니다. 즉 호흡공간이 있느냐 없느냐가 생존율에 큰 영향을 미칩니다.

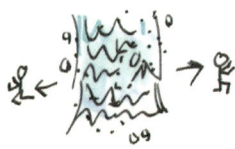

눈사태가 발생하면 옆으로 피하라

6

정전이 됐을 때 행동요령

정전에 대비합시다

엘리베이터, 입체주차장, 자동문, 가스, 수도는 정전으로 멈출 가능성이 있습니다.

라디오는 건전지를 준비하고 휴대전화는 항상 충전! 컴퓨터 자료는 자주 저장합니다

페트병에 뜨거운 물을 넣어 즉석 온열기를 만듭니다. 플러그는 뽑아둡니다.

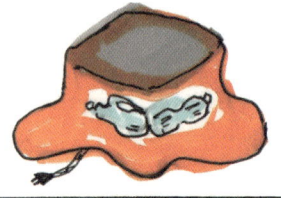

불빛이 있다면 마음이 든든하겠지요 하지만 항상 조심스럽게 주의하면서 취급하기를

평소에 방을 정돈해둡시다

동일본 대지진의 영향으로 후쿠시마(福島) 제1원자력발전소 사고가 일어나면서 정전이 일어날 가능성이 커졌습니다. 정전이 되면 다시 전기가 들어왔을 때를 대비해서 화재의 원인이 될 만한 전열기구의 플러그를 빼둡시다. 심야 정전을 대비하여 방을 정돈해서 넘어지지 않도록 해둡시다. 몇 시간 정전이 된다면 전기에 감사하며 전기가 없는 생활을 즐깁시다.

20년 만에 결혼식 케이크 촛불을 켰습니다 ♡

철저한 절전 방법

전력 소비를 생각하며 생활하자

사용하지 않는 방의 불은 끄고 주전원을 빼둡시다. 특히 열을 발생시키는 가전제품은 최대전력 사용시간대를 피하여 사용합시다. 예를 들면, 추울 때는 두꺼운 옷을 입고, 전기장판에 담요를 상용하며, 텔레비전을 절약 모드로 하고, 압력솥을 사용하여 요리시간을 줄이고, 냉장고 문의 개폐를 최소화하며, 건조기, 식기세척기 사용도 자제하며, 밤에는 일찍 자는 등 즐기면서 할 수 있는 절전 아이디어를 가족끼리 논의해봅시다.

온수 비데의 코드를 뽑아둡시다
힘들다면 뚜껑을 덮어두는
것만으로도 절전이 됩니다

전기포트의 보온기능은 사용하지 않는다
끓인 물을 보온병에!

저녁에서 밤 사이의
최대전력 사용시간대를
피하여 전기밥솥을 사용하고
보온기능은
사용하지 않습니다

가족이 모두 같은 방에서 이불을 덮고

화목한 가정

태양광 전등

태양광으로 충전하고
8시간 점등!
전구만을 분리하여
사용할 수 있는
것도 있습니다.

불을 켜고 마을을 밝히자

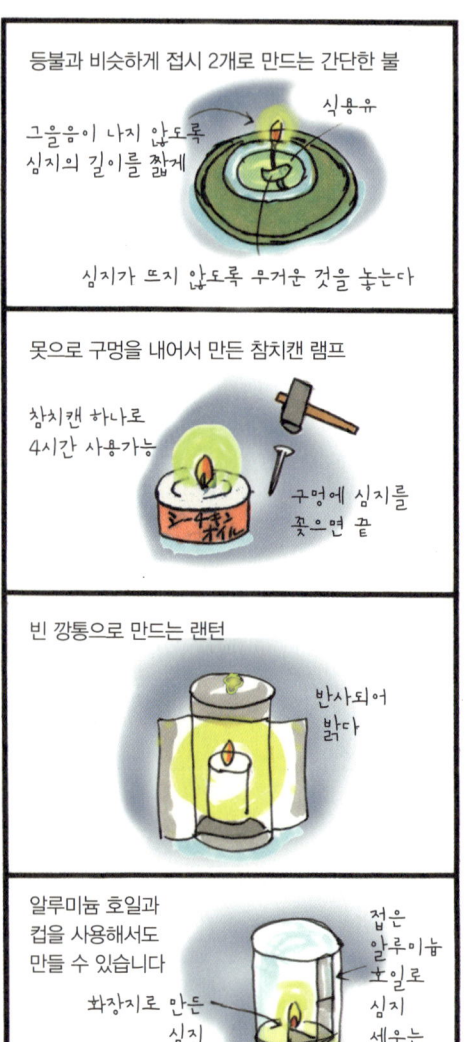

비상시의 불빛은 물건의 위치를 확인하기 위한 것

현대인은 암흑에 익숙하지 않습니다. 회중전등을 사용하고 초를 사용하면 어두워서 깜짝 놀라겠죠. 초나 수제 램프의 밝기로는 책을 읽을 수 없습니다. 초의 밝기는 '여기에 테이블이 있다' '책장이 있다'고 판단하는 정도입니다. 그리고 비상시에 불을 사용할 때는 주의 또 주의!

컵이 넘어져도 화재로 이어지지 않지만 만약을 위해 쟁반 위에 올려둡시다

헤드라이트와 야광봉을 사용합시다

**정전 때는
안전을 우선으로
생각하자**

정전에 익숙해지는 것이 가장 위험하다고 합니다. 발이 걸려서 다치거나 촛불을 넘어뜨려 화재로 이어지는 일도 있습니다. 정전이 되었을 때는 기본적으로 자는 것이 가장 좋습니다. 화장실에 갈 때는 헤드라이트를 착용하고 갑시다.

야광 장난감을 활용

랜턴에 비닐봉지를 씌우면
간접조명의 효과가 있습니다

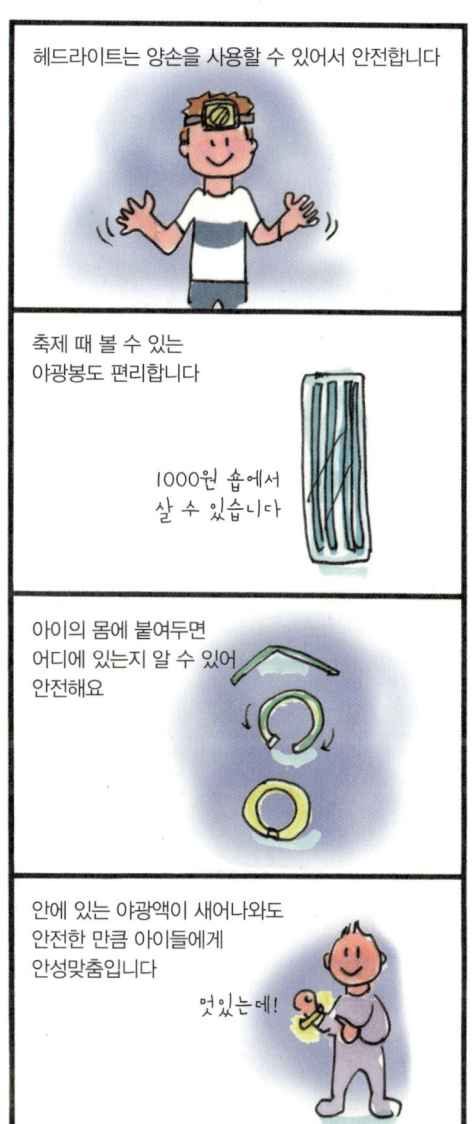

헤드라이트는 양손을 사용할 수 있어서 안전합니다

축제 때 볼 수 있는
야광봉도 편리합니다

1000원 숍에서
살 수 있습니다

아이의 몸에 붙여두면
어디에 있는지 알 수 있어
안전해요

안에 있는 야광액이 새어나와도
안전한 만큼 아이들에게
안성맞춤입니다

멋있는데!

냉장고의 정전 대책

평소에 냉장고에 물을 넣어서 얼린 페트병을 준비

정전 중에는 냉장고를 되도록 열지 말고 아이스박스를 활용합시다

그리고 하나 더 냉장 커튼을 붙여둡시다

자주 사용하는 것을 모아서 꺼내기 쉽게 해둡시다

일상적인 정리정돈

냉장고는 커다란 냉장 박스

냉장고는 문을 열 때마다 냉기가 빠져나가고 전력을 사용합니다. 정전 중에도 몇 시간 문을 열지 않으면, 냉장고 속 식품의 품질은 유지됩니다. 그리고 얼린 페트병은 아이스 팩으로 사용할 수 있고 물이 녹으면 음료수로 사용할 수 있으니 일상적으로 준비해두면 좋겠죠. 페트병 속의 물을 잘 얼리기 위해서는 2시간 정도 걸립니다. 정전 중에는 가족이 습관적으로 냉장고 문을 여는 것을 방지하기 위하여 냉장고 문에 메모를 붙여둡시다.

정전 중 열지 말 것 12~13시

전기를 사용할 때는 시간차를 활용하자

절전에 대비하는 생활 습관

절전 대책으로 공장 조업시간이나 각 기업의 휴일 등을 다르게 하고 있지만 개인이 할 수 있는 시간차 절전도 있습니다. 예를 들면, 아이들의 여름방학 기간에는 최대전력 사용시간대에 도서관 등에서 지내면서 친구들과 만나서 숙제를 하는 것도 좋습니다. 스페인처럼 낮잠 제도를 도입하는 것을 어떨까요? 건강에도 좋고 동시에 절전도 되니 일석이조입니다.

겨울의 최대전력 사용시간은 아침과 저녁. 난방과 취사에 전력이 사용됩니다

여름의 최대전력 사용시간은 낮과 저녁. 에어컨과 취사에 전력이 사용됩니다

전력을 사용하는 다리미질이나 빵·과자 만들기 등은 심야에 합시다

나 홀로 썸머 타임 빨리 출근하여 야근을 하지 않는 것도 좋습니다

낮잠 제도 도입!

갈대 발에 물을 뿌려 시원한 바람을 일으키자

더위 대책을 겸한
절전 방법

물에 적셔 차갑게 한 수건, 아이스 팩을 넣은 손수건, 기능성 천 등 다양한 재료가 있습니다. 그리고 옛날부터 갈대발도 인기가 있습니다. 발 전체에 물을 적셔 선풍기를 돌리는 것만으로도 시원해집니다. 저녁에 집에 돌아왔을 때 에어컨을 켜기 전에 시험해 보세요. 물론 절수를 위해 목욕탕 물을 재활용하거나 방재용 보존수(자신이 매일 바꿔 놓고 있는 수돗물)를 사용합시다.

기능성 수건
아이스 팩을 넣은 두건
아이스 팩

갈대로 만든 발
줄기 식물을 이용한 가림막

물 뿌리기

에어컨 실외기에 직사광선이 들지 않게 하는 것만으로도 절전 효과가 있습니다

풍경(風磬) 소리를 들으며 시원한 느낌을 받아보면 어떨까?

7

비상시 유용한 아이디어

페트병 뚜껑이 샤워기로 변신!

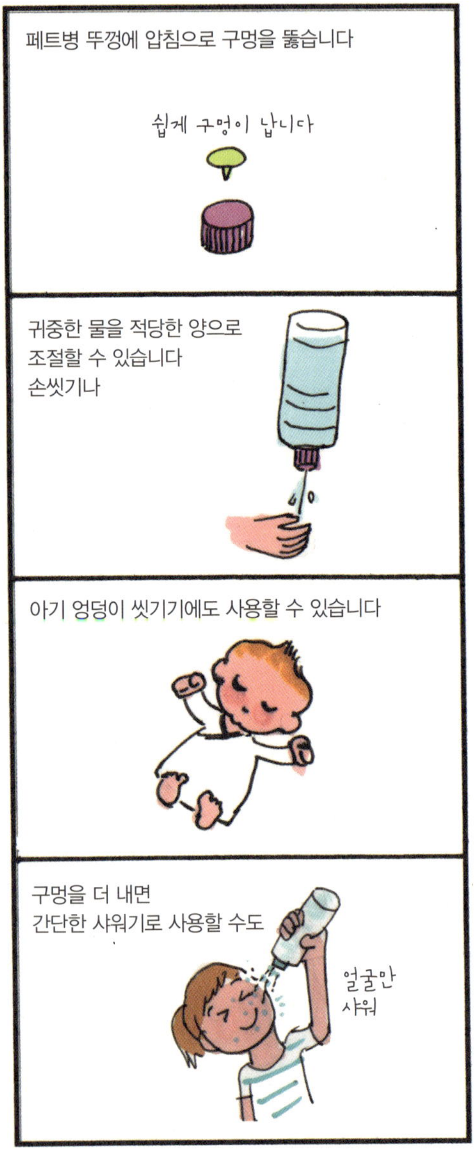

페트병 뚜껑에 압침으로 구멍을 뚫습니다

쉽게 구멍이 납니다

귀중한 물을 적당한 양으로 조절할 수 있습니다
손씻기나

아기 엉덩이 씻기기에도 사용할 수 있습니다

구멍을 더 내면 간단한 샤워기로 사용할 수도

얼굴만 샤워

물을 충분히 사용할 수 없을 때를 대비하자

물탱크에 펌프로 물을 끌어올리는 아파트, 평지에서도 상수도 가압 전동 펌프를 사용하고 있는 지역 등은 화재 시에는 정전 등의 영향으로 단수 가능성이 있습니다. 이 페트병 샤워로 음료 이외의 물을 획기적으로 아낄 수 있어요. 음료수 이외에 물을 사용할 경우를 가정하고 집에서도 물을 준비해둡시다. 그리고 욕조에 들어가지 않는 밤에는 족욕이나 수건으로 간단하게 해도 좋습니다.

따뜻해지네~

42도의 따뜻한 물로 12~20분

아낌없이 사용하는 신문지 활용법

신문지는 평소에 확보해두자

신문지는 복사지와는 달리 표면에 코팅처리가 되어 있지 않기 때문에 습기나 냄새제거에 뛰어난 기능이 있습니다. 그리고 잉크에 포함된 기름이 물과 섞이면 계면활성제 역할을 하기 때문에 옛날부터 벌레를 막는 데 이용되었습니다. 나아가 일상적으로 청소에 사용할 수도 있습니다. 예를 들면, 신문지를 뭉쳐서 유리창을 닦으면 깨끗해집니다. 이처럼 신문지 활용법은 매우 다양합니다.

휴지통 안에 깔아두면 냄새를 제거하고 더러운 물도 흡수합니다.

랩을 다양하게 활용합시다

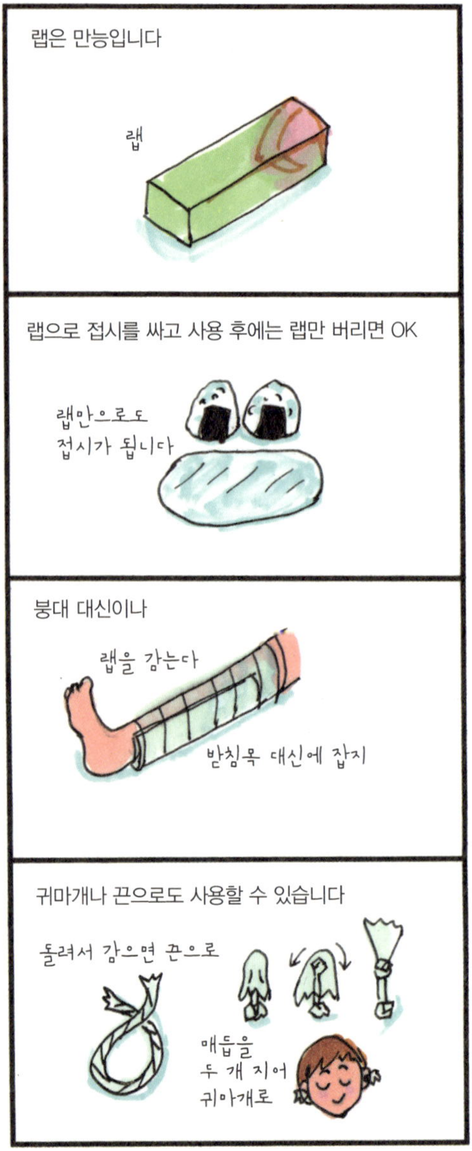

붕대나 스펀지 대신 쓰는 랩!

랩을 둥글게 뭉치면 스펀지처럼 됩니다. 그리고 붕대가 없을 때는 붕대 대신에 사용할 수 있으며 붕대 위에 랩을 싸면 비나 물기를 막을 수 있습니다.

랩은 만능입니다

랩

랩으로 접시를 싸고 사용 후에는 랩만 버리면 OK

랩만으로도 접시가 됩니다

붕대 대신이나

랩을 감는다

받침목 대신에 잡지

귀마개나 끈으로도 사용할 수 있습니다

돌려서 감으면 끈으로

매듭을 두 개 지어 귀마개로

신문과 세트로 배에 감싸면 추위를 막는다

긴급할 때 아기 기저귀 만들기

**비닐봉투와 수건으로
간이 기저귀 완성!**

슈퍼나 약국이 문을 닫았을 때도 아이 기저귀는 필요합니다. 재해 시 기저귀가 없을 경우 주변에서 손쉽게 구할 수 있는 것으로 대체합시다. 기저귀로 사용할 재료가 없을 때는 주위사람들에게 빌려야겠지요. 아이는 사회의 재산입니다. 모두 협력해주겠지요?

비닐봉투를 잘라서

옆을 잘라 길게 폅니다

깨끗한 수건을 놓습니다 남는 부분은 접어서

봉투의 손잡이를 서로 묶어주면 완성

아기도 엄마도 안심할 수 있습니다

아이가 있다는 사실을 주위에 알려 도움을 청합시다

비상시 유용한 아이디어

아기 엉덩이 수건을 손수 만들어 봅시다

솜과 아이용 목욕제로 완성!

기저귀로 인해 짓무른 엉덩이 피부에는 목욕제가 효과적입니다. 그리고 엉덩이에 묻은 대변을 닦을 때도 수분이 많은 수제 솜으로 간단하게 처리할 수 있습니다. 녹는 목욕제 양은 아주 적은 양으로도 충분하니 너무 많이 넣지 마세요. 뚜껑이 있는 용기에 하루 사용분을 만들어 둡시다.

아기 엉덩이 수건이 떨어졌다면…

아기용 목욕제와 솜으로 간단하게 만들 수 있습니다

물에 녹인 목욕제에 솜을 적셔서 용기에 보존

물기가 나올 정도가 사용하기 편합니다
하루 분량씩 아침에 만들어서 사용하는 것이 좋습니다

겨울에는 차갑지 않도록 손으로 덥혀서 사용

페트병으로 만드는 파리 잡는 통

술 등의 발효 식품으로 유인하면 효과적

식초나 술 냄새로 유인한 파리가 안으로 들어가 나오지 못하고 페트병 속에 잡히는 간단한 구조입니다. 파리가 대량으로 발생했을 때 하루 동안 놓아두는 것만으로도 페트병 반 정도의 파리가 잡힌다고 합니다. 먹이로 사용하는 용액은 각자 생각해봅시다. 입구는 나오지 못하도록 작게 만듭니다. 그리고 먹이용 용액에 소량의 세제를 섞으면 파리가 계면활성제(세제)에 빠져 죽고 맙니다. 단 파리의 발생 원인을 봉쇄하지 않으면 해결되지 않습니다.

파리가 대량으로 발생하면

위쪽에 구멍을 낸 페트병으로 만든 파리 잡는 통이 안성맞춤!

설탕, 술, 식초, 식혜 등을 혼합한 용액으로 유인한다

작은 페트 병은 작은 날파리용

잘라서 / 이쑤시개로 고정 / 투명 테이프로 입구를 좁게 한다 / 작은 날 파리가 좋아할만한 먹이를 넣어둔다

살충제가 아니기 때문에 애완동물이나 가축에게 해롭지 않아요

바나나 껍질은 날파리도 좋아합니다

긴급시 간이 생리대 만들기

천과 테이프가 있으면 만들 수 있어요

어떠한 경우라도 때가 되면 생리는 합니다. 동일본 대지진이 일어났을 때도 지원물자로 긴급하게 필요한 것 가운데 하나였습니다. 그리고 상처를 입었을 때 수제 생리대를 상처에 대고 그 위에 붕대를 감으면 지혈에도 유용합니다.

피부 트러블을 막기 위해 청결한 솜 소재를 사용합니다

종이, 못쓰는 천 등 흡수성이 있는 것을 안에 넣고 감아 줍니다

단단하게 해서 감는다

다 감으면 테이프로 고정해서 속옷에 혈액이 스며드는 것을 막습니다

테이프 붙인 쪽을 아래로 하여 사용

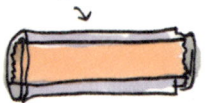

뜯어 씻으면 여러 번 사용할 수 있으나… 감염을 막기 위해서는 한번 쓰고 버리는 것이 좋습니다

미끄러지지 않도록 끝을 묶어도 OK

주변에 있는 것

침낭 만들기

**어쩔 수 없이
노숙을 하게 된다면**

스티로폼 상자를 분해하고 종이상자를 겹쳐서 지면이나 마루의 딱딱함이나 냉기로부터 몸을 지킵니다. 신문지나 의류로 공기층을 만들고 돗자리로 외부를 감싸면 바람을 피할 수 있습니다. 이렇게 만든 침낭 속에서 따뜻해진 공기가 빠져나가지 않도록 어깨 주변을 덮어주는 것도 좋습니다. 돗자리가 없을 때는 비닐봉지에 신문지를 넣고 그 속에 발을 넣어서 이불 대용으로 사용할 수도 있습니다.

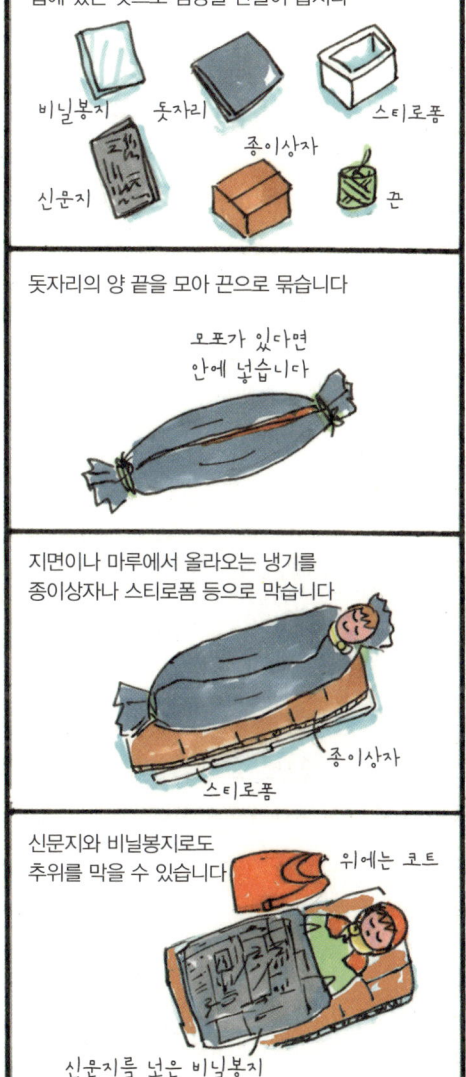

가리개로 사용할 수 있는 탈의 망토

휴대용 탈의실로 사용할 수 있는 탈의 망토

사생활이 없는 대피소나 가리개가 빈약한 비상용 화장실 이용 등에 사용할 수 있습니다. 낡은 천을 사용하여 만들어도 좋습니다. 부드러운 얇은 천으로 만들면 비상 가방에 넣을 수도 있습니다. 수건 대용이나 커튼으로도 사용할 수도 있습니다. 누구라도 사용할 수 있도록 크게 만들어 둡시다. 바다나 캠프장에서도 사용할 수 있겠지요.

다용도로 사용할 수 있는 팬티스타킹

**부피가 작아
가지고 다니기에
편리해요**

신축성 있는 스타킹은 보통 생활에서도 쓰임새가 많지만 비상시 대피생활에서도 제 역할을 톡톡히 합니다. 귀중품을 넣고 배에 두르면 잃어버릴 염려가 없습니다. 신축성을 이용해 대피소에서 자신의 물건을 엮어두거나 지급된 침구를 정리할 때 끈으로 사용하기에도 좋습니다. 밧줄과 달리 묶어도 풀리지 않으며 풀기 쉬워서 고령자가 이용하기도 쉽습니다. 물론 올이 풀린 스타킹을 이용해도 좋지요.

누구나 하나는 가지고 있는 팬티스타킹

추위를 막기 위해 바지 안에 입어도 좋고

정말 따뜻해

상처를 입었을 때 팔을 묶는 데도 좋고

늘어나기 때문에 사용하기 편하다!

끈으로도 사용할 수 있습니다

이불을 묶어서 쿠션으로

베란다에서 이불을 널 때도

옛날부터 만능인 광목 수건

광목 수건은...
마감처리를 안 한 쪽

가늘게 잘라서 붕대나 끈으로 사용할 수 있습니다

삔 발을 고정할 수도 있습니다. 광목은 미끄러지거나 풀리지 않기 때문에 좋습니다

얇아서 빨리 마르는 것도 편리합니다

손빨래가 가능하고 금방 마르는 광목 수건

광목 수건의 특징은 양 끝단의 마감 처리를 안 한다는 점입니다. 그렇기 때문에 찢기 쉽지요. 사극 등에서 짚신 끈이 끊어져 곤란해 하는 여성에게 남성이 자신의 수건을 이빨로 찢어서 여성의 짚신 끈을 고쳐주는 장면을 본적이 있습니까? 이처럼 광목 수건은 마르기 쉽고 찢기 쉬운 소재로 비상시에 상당히 중요합니다. 손빨래를 해야 하는 대피소 생활에도 편리합니다.

비상용 가방에 넣어 둡시다

여러 가지로부터 지켜주는 비옷

**먼지나 석면으로부터
몸을 보호합니다**

지진으로 무너진 건물에서 파편이나 먼지가 흩날립니다. 쓰나미나 비로 젖어 있는 건물 잔해에서도 마르면 먼지가 흩날립니다. 사람이 철거작업을 시작하면 더 많은 먼지가 흩날리겠죠. 낡은 건물에는 석면도 있기 때문에 주의가 필요합니다. 이럴 때는 비나 바람이 통하지 않는 비옷을 활용합시다. 세탁이 불가능한 피해지역에서는 옷을 더럽히지 않기 때문에 편리합니다.

지진으로 집이 파괴되어 흩날리는 먼지

재해의 잔해를 치울 때도 흩날리는 먼지

비옷은 비, 바람, 먼지를 막아주고

추위도 막아줍니다

건물 잔해 속에는 석면도 있다.
예방에는 방진 마스크를

페트병으로 간이난로 만들기

**양말과 페트병으로
쉽게 만들 수 있어요**

페트병은 크게 2가지 종류로 나눌 수 있습니다. 따뜻한 용도와 차가운 용도입니다. 따뜻한 음료수는 따뜻한 용도의 페트병으로 팔고 있고 뚜껑은 오렌지색입니다. 따뜻한 음료의 페트병은 내열용으로 제작되었기 때문에 '난로'를 만드는 데 알맞습니다. 더구나 차가운 음료의 페트병에 뜨거운 물을 넣어도 병이 녹아내리는 일은 없지만 가볍고 얇은 소재로 만들어진 페트병은 피하는 것이 좋습니다.

조금 뜨거운 물을 페트병 속에 넣고…

페트 병을 양말 속에 넣습니다.
양말로
온도조절을 합니다

2장 겹치기

양말 입구를 묶어서
완성입니다

묶는다

재빨리 이불 속에 넣어둡니다

아침까지 따뜻해요

저온 화상에 주의

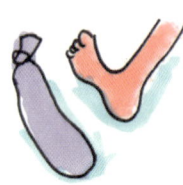

청재킷으로 아기 멜빵 만들기

청재킷은 75킬로그램까지 버틸 수 있어요

청 소재는 마차의 덮개가 기원인 만큼 무엇보다 튼튼한 천입니다. 사용하는 단추도 금속재질로 잘 떨어지지 않습니다. 아기 멜빵으로 사용할 경우 금속 단추를 단단하게 매는 것이 중요합니다. 사용하기 전에 금속 단추가 확실히 달려 있는지 확인하세요. 청재킷의 사이즈와 엄마 아이의 크기에 따라 다르기 때문에 주의해서 점검해야 합니다. 그리고 풀어지기 쉬운 단추가 달린 청재킷은 아이 멜빵으로는 사용하지 않도록 주의하세요.

단추가 단단히 달려 있고 두꺼운 청재킷

- 한쪽의 소매단추를 푼다 다른 쪽의 소매와 연결합니다
- 옷자락을 허리에 매고…
- 가장 아래 단추를 등 뒤에서 잠급니다
- 연결한 소매를 목에 걸면 캥거루 주머니가 완성
- 아이를 넣고 안으면 끝!

비상시 유용한 아이디어

앞치마로 아기 의자 만들기

앞치마를 의자에 걸고

아기를 앉힌 후 끈을 연결합니다

의자 뒤에서 끈을 묶습니다

아기가 좀 움직여도 괜찮습니다

앞치마로 안전벨트 완성

대피소 등에는 아기 의자가 없습니다. 그래도 보통 의자에 잘 움직이는 아기를 앉히는 것은 위험합니다. 아기용 의자가 없을 때는 앞치마 한 장만 있으면 안전벨트로 대용할 수 있습니다. 단 아기에 따라서는 투정을 부리며 많이 움직이면 위험하므로 눈을 떼지 마세요. 외출한 곳에 아이용 의자가 없는 경우에도 응용할 수 있습니다.

앞치마 한 장으로

우유팩으로 숟가락 만들기

**우유팩은
여러 용도로
사용할 수 있어요**

요리한 음식을 나누는 데는 젓가락이나 숟가락이 없으면 곤란합니다. 우유팩은 물에 강하고 가공하기도 쉬운 소재입니다. 옆으로 자르면 컵이 되고 세로로 자르면 접시가 됩니다. 전부 펼치면 도마 대용으로 사용할 수 있습니다.

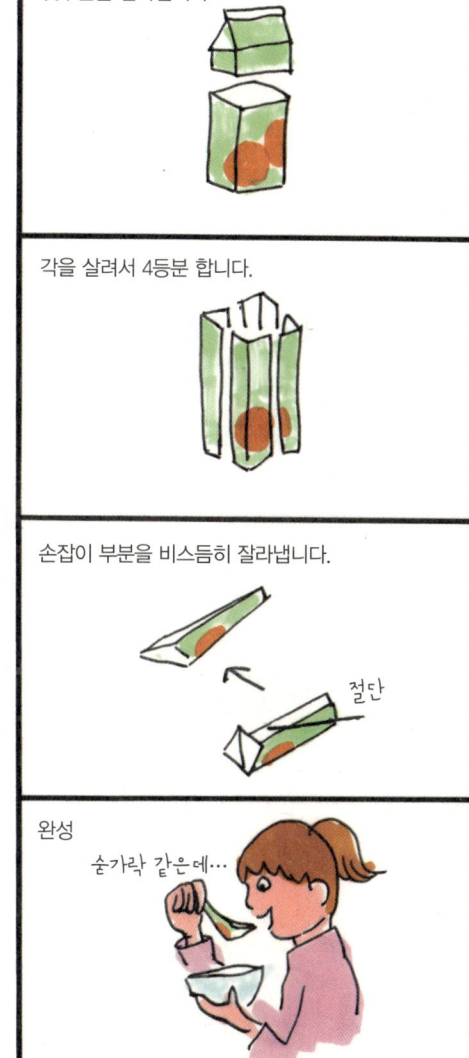

윗부분을 잘라냅니다

각을 살려서 4등분 합니다.

손잡이 부분을 비스듬히 잘라냅니다.

절단

완성

숟가락 같은데…

씻고 접어서 가지고
다닐 수 있어요

비상시 유용한 아이디어

종이박스로 테이블 만들기

종이박스를 펼쳐서 넓은 판으로 만듭니다

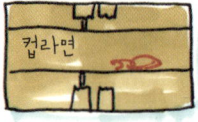

그리고 다리 부분을 만들고

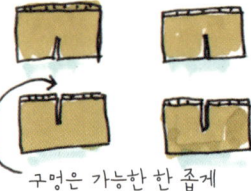

구멍은 가능한 한 좁게

조립하여 다리로 사용합니다

넓은 판을 올려서 완성.
손을 짚으면 반으로 접히면서 무너질 수 있으니 주의합시다

넓은 판과 다리를 테이프로 고정한다

대피소에서 조금이라도 쾌적하게 지내고 싶다면

작은 테이블이 있으면 도시락을 먹을 때나 아이가 그림을 그릴 때 매우 편리합니다. 종이박스를 자를 때는 종이박스 전용 칼을 사용하면 편리합니다. 종이박스 전용 칼이 없으면 부엌 가위도 좋습니다. 칼은 자칫하면 위험하므로 사용에 주의합시다.

대피소에서 구하기 쉬워요

종이박스로 슬리퍼 만들기

대피소에서는 실내화가 필수!

맨발로 딱딱한 마루를 걷는 것은 피곤하고 더구나 추울 때는 발이 시립니다. 화장실에 갈 때도 복도를 걸을 때도 슬리퍼가 있었으면 하는 생각이 들지요. '좋은 실내화'를 비상 가방에 넣어두면 좋겠지만, 슬리퍼나 실내화를 준비하지 못했을 때는 종이박스로 만들 수 있습니다. 신문지로 만드는 방법도 있지만 어느 정도 두께가 있는 종이박스로 만드는 것이 좋습니다. 이렇게 만든 슬리퍼 앞쪽은 좁아서 잘 벗겨지지 않고 쾌적합니다. 단 어디까지나 종이박스로 만든 슬리퍼는 실내용으로 이용하도록 합시다.

비닐봉지를 덧씌우면 보다 깨끗하게 사용할 수 있습니다

8

비상시 음식 만들기

숟가락 하나로 깡통을 열 수 있어요

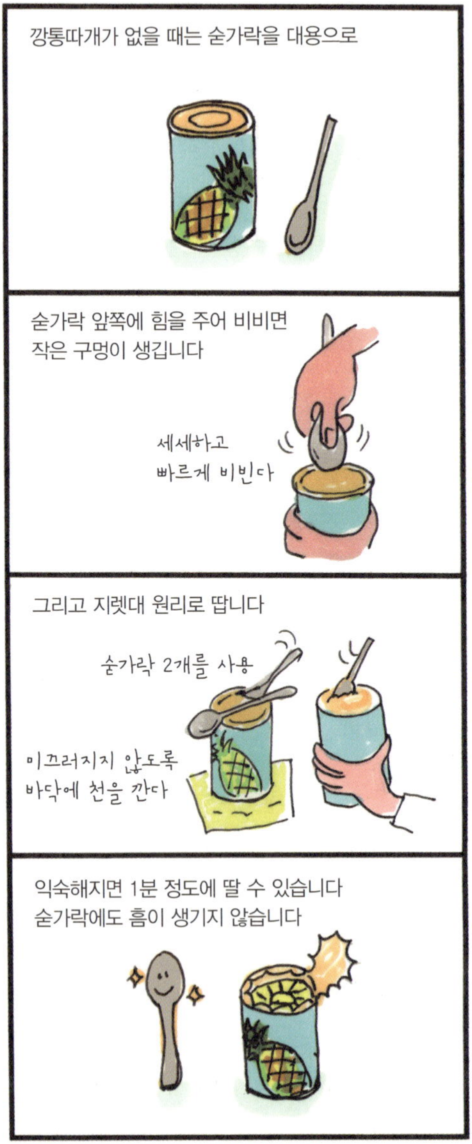

깡통따개가 없을 때는 숟가락을 대용으로

숟가락 앞쪽에 힘을 주어 비비면 작은 구멍이 생깁니다

세세하고 빠르게 비빈다

그리고 지렛대 원리로 땁니다

숟가락 2개를 사용

미끄러지지 않도록 바닥에 천을 깐다

익숙해지면 1분 정도에 딸 수 있습니다
숟가락에도 흠이 생기지 않습니다

지렛대 원리를 사용하면 간단

최근에는 깡통따개를 사용하지 않고도 뚜껑을 열 수 있는 상품이 많아서 미처 깡통따개를 준비 못할 때도 있습니다. 이럴 때는 숟가락을 사용해서 따봅시다. 깡통의 깡통따개를 대는 부분에 숟가락 끝을 대고 그대로 강하게 5~6초 정도 문지릅니다. 구멍이 생기면 지렛대 원리로 숟가락을 사용하여 뚜껑을 엽니다. 어려울 때는 깡통 위에 다른 숟가락을 열십자(十) 모양으로 놓고 걸리게 해 지렛대 원리를 이용하는 방법도 있습니다. 요령을 터득할 때까지 힘이 필요한 만큼 힘이 센 남자들에게 부탁합시다.

간식용 과일 통조림

요리할 때는 아이디어 도구를 이용하자

다용도로 편리한 요리도구를 사용하자

채를 썰 때는 강판이나 채칼을 이용합시다. 칼 대신에 요리 가위를, 얇게 썰 때는 껍질 깎기를 사용하면 편리합니다. 우물 물 등 요리에 이용할 수 없는 생활용수는 반드시 끓여야 합니다. 비닐봉지에 식재료를 넣고 꽉 짜거나, 끓인 생활용수를 담은 냄비에서 찜 요리도 가능합니다. 크고 작은 비닐봉지를 준비해두면, 여러 가지로 사용할 수 있어 편리합니다.

크고 작은 비닐봉지를 준비한다
장갑 대용
그릇 대용
물바가지로

긴급 시에 귀중한 물.
씻을 때 많은 물을 사용하는
도마나 칼은 사용하지 않습니다.

요리도구를 사용해봅시다
요리 가위
강판
껍질 깎기
채칼

적은 물을 사용하여 씻거나
끓는 물을 부어
소독할 수 있는 것을

찜통을 이용하면
마실 수 없는 물도
활용할 수 있습니다.

비상시 음식 만들기

찬밥으로 '유통기한 6개월' 보존식을 만들자

남은 밥을

물로 씻어서 끈기를 없앤다

눈이 고운 체 위에서

2일 정도 햇빛에 딱딱해질 때까지 말립니다

체 위에서 넓게 펴서 말린다

장기보존 가능한 '말린 밥' 완성!
따뜻한 물이나 물을 부으면 다시 밥이 됩니다

이른바 즉석밥입니다

전국시대의 무사도 먹었던 '말린 밥'

딱딱하게 건조한 밥은 말린 밥이라고 하며 옛날부터 여행할 때나 전쟁 시의 비상식량으로 중요하게 취급되었습니다. 현대에는 '즉석밥'이라는 이름으로 팔리는 비상식량입니다. 건조시킨 밥을 밀폐된 용기에 보존하면, 반 년 정도는 괜찮다고 합니다. 상온의 물에 1시간, 따뜻한 물에 30분 담가두면 밥이 됩니다. 물에 불리지 않고 기름으로 튀기면 맛있는 '쌀과자'가 됩니다.

하급 무사도 지참하고 있던 즉석밥

불을 사용하지 않는 요리를 궁리해보자

절인 음식이나 캔을 사용해보세요

비상시라고 하더라도 인스턴트 음식을 계속 먹으면 채소가 먹고 싶어집니다. 이럴 때 채소절임이나 피클을 준비해두면 조금은 기분전환이 되면서 비타민 보충도 됩니다. 캔을 이용하거나 조미료를 생각해 봅시다. 식중독에 걸리지 않도록 식초를 이용하고, 조리 후 바로 먹도록 합시다.

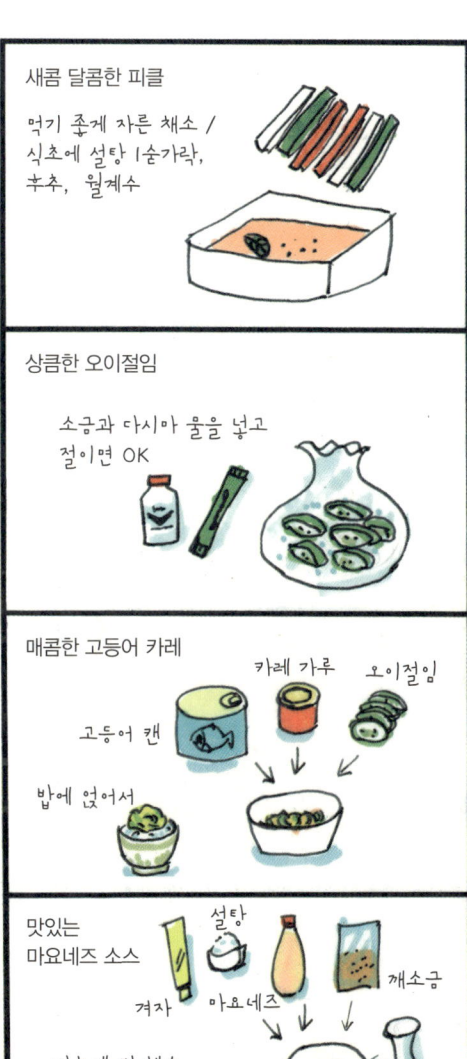

알루미늄 캔으로 화로 만들기

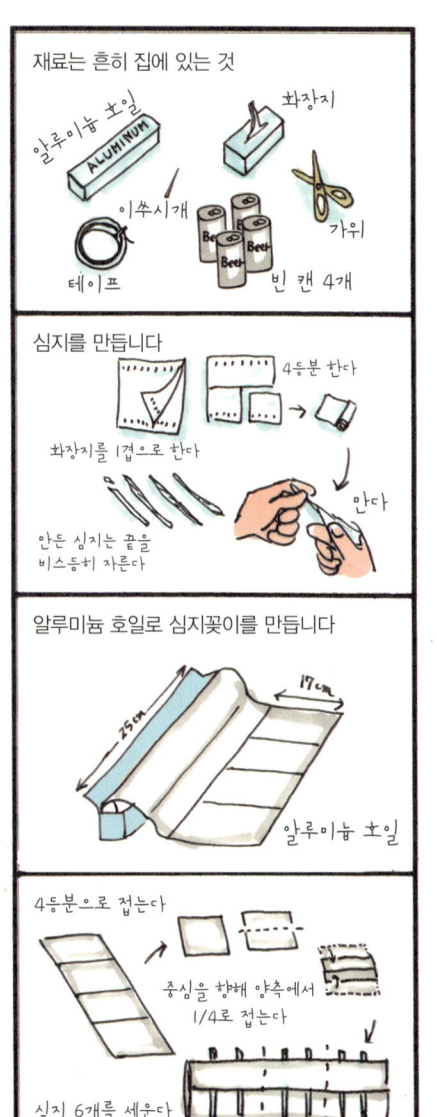
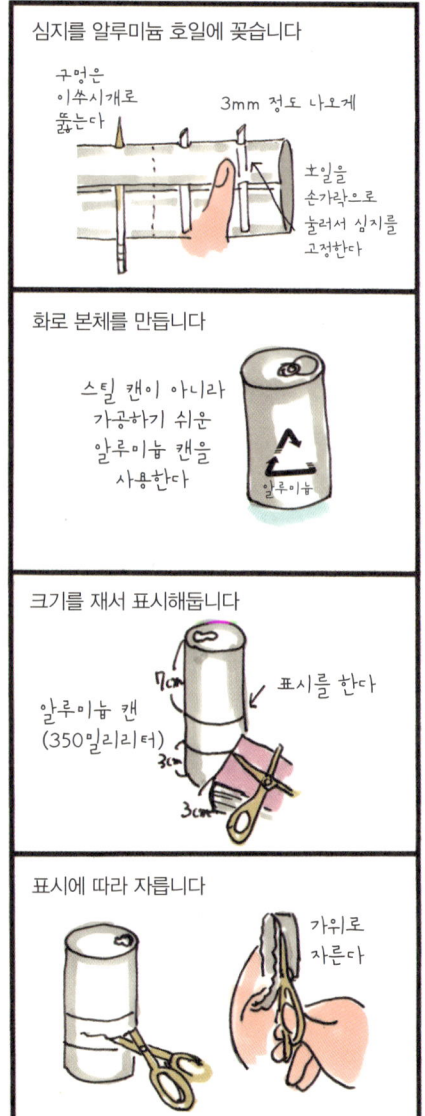

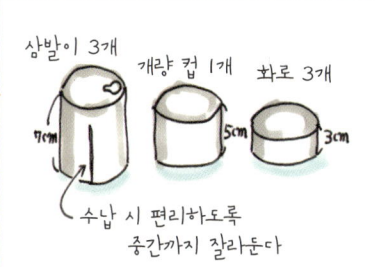

냄비 뚜껑 위에서는 즉석식품을 데웁니다

화로의 불구멍을 만듭니다

40분 정도면 밥이 됩니다

삼발이와 불구멍을 맞추어서 쌀을 씻지 않고 올립니다

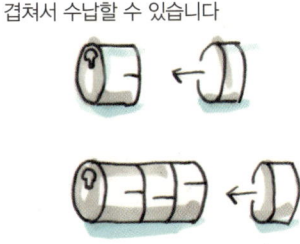
겹쳐서 수납할 수 있습니다

휘발성이 높은 기름을 사용하면 위험합니다

지퍼 백으로 밥을 지을 수 있어요

솥에 밥을 지으면...

← 고체연료

밥이 솥에 눌어붙을 때도 지퍼 백에 쌀과 같은 양의 물을 넣고

끓이고 있을 때 즉석 카레도 넣습니다

15분 끓이고 10분 뜸을 들입니다

맛있는 밥이 되었습니다

뜨거운 물은 스프로

설거지거리를 만들지 않도록 궁리하자

솥으로 밥을 지을 경우 눋지 않도록 하는 것은 어렵습니다. 그리고 눌어붙은 솥을 씻는 물도 매우 귀중합니다. 비상시에 밥을 할 때는 지퍼 백이나 비닐봉지를 이용하여 밥을 하면 간단합니다. 밥을 한 물은 스프나 커피를 타는 데 사용할 수 있습니다. 물론 비상시이기 때문에 쌀은 씻지 않고 사용합시다. 그리고 쌀의 양에 따라 밥이 되는 시간이 다릅니다.

비상용 취사 봉지도 있습니다

보온 조리기구를 만들자

연료도 절약하고 안전해요

보온 조리기구란 끓인 찌개요리의 보온력을 지속시킴으로써 요리할 수 있는 기구를 말합니다. 불을 계속 켜두지 않기 때문에 안전하며 끓어 넘치지 않기 때문에 내용물을 태우지 않고 맛있게 만들 수 있어요. 단 보온 조리기구는 냉장고 대신으로 사용할 수는 없습니다. 그대로 하루 밤 놓아두면 요리가 상할 수도 있으니 주의하세요.

연료가 귀중한 대피생활
두꺼운 목욕수건 모포 / 종이박스 / 한 장씩 손으로 뭉친 신문지를 깐다

끓인 냄비를
식재료나 메뉴에 따라 다르지만 5~10분

보온 조리기구에 집어넣습니다
목욕수건의 끝부분을 접고 모포를 덮습니다

모포를 덮고 30분 정도 예열로 익힙니다
국물은 증발하지 않기 때문에 간은 조금 진하게

스티로폼 상자를 사용하면 더욱 효과적

9

비상시 위생관리 및 응급구조법

재해 시 직접 화장실을 만들어보자

맨홀식 화장실은 하수도관 맨홀에 직접 설치합니다.

텐트

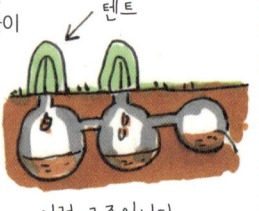

하수도관 위에 설치한 화장실은 많은 사람들이 이용 가능합니다.

텐트

이런 구조입니다

마라톤 대회 등에서 볼 수 있는 재래식 간이 화장실도 있습니다.

하나 가지고 있으면 안심이 되는 휴대용 화장실 고분자흡수 폴리머로 배변봉투(검은색)와 세트로 되어 있습니다

간이 화장실조차 없을 때 손쉽게 화장실을 만드는 법

평소 자주 볼 수 있는 형태의 간이 화장실은 변기의 양이 정해져 있기 때문에 사용할 수 있는 사람에 한계가 있습니다. 맨홀식 화장실은 하수관 맨홀에 직접 연결하므로 변기의 용량에 관계없이 사용할 수 있습니다. 휴대용 화장실은 아기의 기저귀와 비슷하게 소변을 흡수하여 처리하는 형태입니다.

종이상자나 양동이에 배변봉투를 씌우고 볼일을 본 후 응고제를 뿌린다

자신만의 화장실을 준비해두자

대피생활 중
가장 골치 아픈 화장실 문제

대피 생활 중 모두가 사용하는 화장실은 언제나 복잡하고 지저분하기 마련입니다. 때문에 물을 자주 마시지 않고 화장실에 가는 횟수를 줄인 사람들이 건강을 해치곤 합니다. 아이들도 어른들도 참을 수 없는 화장실 문제. 최악의 경우를 대비해야 합니다. 시판되고 있는 휴대용 화장실은 '고분자 흡수 폴리머'를 이용하고 있어, 평소에 대피 가방에 준비해 놓는 것이 가장 좋은 방법입니다. 만약 준비되어 있지 않다면 흡수 폴리머가 포함된 1회용 기저귀나 애완동물용 화장실 시트, 종이 상자를 이용해 간이 화장실을 만들 수 있습니다.

시판 중인 조립식 휴대용 화장실

텐트식 개인실을 갖춘 것도 있습니다.
대용품으로 간이 화장실을 만들 수 있습니다

1회용 기저귀나 애완동물용 화장실 시트
비닐봉지
묶어서
용변을 보고
밀폐해 둠

가리개는 탈의 망토를 이용해서
1회분의 화장지
탈의 망토

패키지 제품을 이용
간이 용품
소변용 패드 남녀공용

신문지와 비닐봉지로 간이 화장실을 만들자

비닐봉지를 2중으로 해서
바구니 등에 씌웁니다

신문지를 구겨서 바구니에 넣습니다

용변을 본 후 만약 소독용 스프레이가 있다면
뿌려줍니다

필요에 따라 비닐봉지를 바꾸어 줍니다

종이 박스로 만든 뚜껑

가장 간단히
만들 수 있는 화장실

간이 화장실은 '흡수 폴리머'가 주위에 없더라도 신문지를 이용해 만들 수 있습니다. 단수 시에는 수세식 화장실을 쓸 수 없습니다. 설령 수도가 복구되더라도 하수관에 문제가 없는지 확인해야 하고, 다세대 주택의 경우 하수관이 아래층에서 새지 않는지 확인할 필요도 있습니다. 또한 공원 등에서 함부로 용변을 본다거나 공공장소에 오물을 묻는다거나 강에 흘려버리는 것도 물론 안 되지요. 스스로 분뇨 처리를 해야 합니다. 간이 화장실이 가득 차면 살고 있는 지역의 자치단체에 확인한 후 쓰레기를 버립시다.

밖에서 용변을 볼 때
꼭 필요한 최고의 가리개

우산에
천을 붙임

자동차에 실어 두면 편리

마당에 화장실을 만들자

집에 마당이 있을 경우

야외에 화장실을 만들 경우에는 냄새가 나지 않도록 나뭇잎을 깔거나 흙을 덮거나 하는 대책을 세웁시다. 배설물은 시간이 흐르면 분해됩니다. 생리용품 등은 고분자 폴리머가 포함되어 있어서 분해되지 않기 때문에 별도로 처리해야 합니다. 또한 한 번 팠던 곳을 잘못해서 다시 파지 않도록 표식을 해 둬야 해요! 물론 집에 마당이 있을 경우에만 가능한 방법이지요.

20센티미터 정도의 깊이로 땅을 팝니다
파낸 흙
화장지

냄새 대책
매번 흙을 덮는다
처음에는 자갈을 깔고 나뭇잎으로 덮는다

합판이나 종이상자로 뚜껑을 만듭니다
종이상자로 만든 뚜껑
비닐봉지에 넣는다

가리개도 잊을 순 없지요
사용중

묻고 나서는 표식을!

골절 응급처치 방법

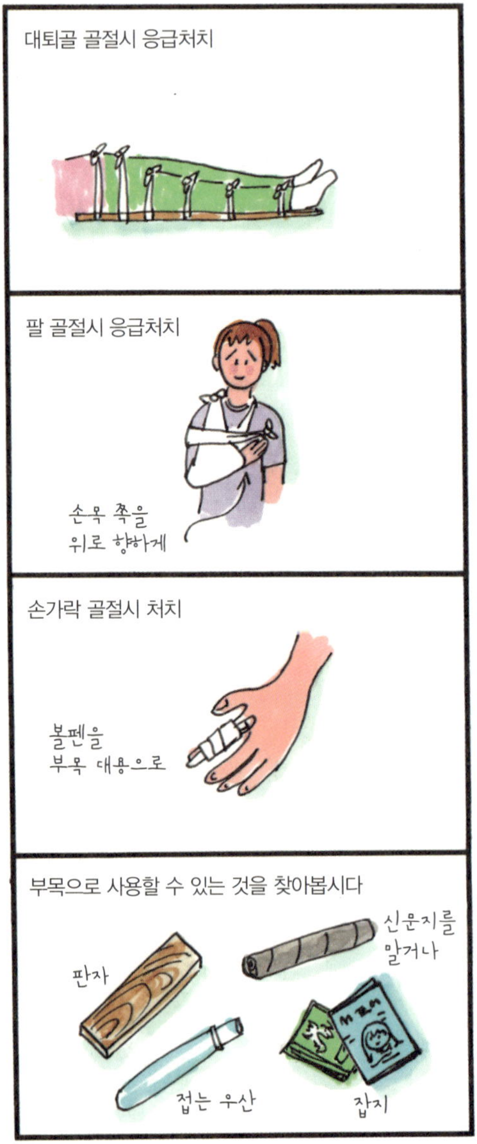

**무리하게 뼈를 맞추려고 하면
신경이나 혈관에
상처가 생길 수도**

환부가 붓고 형태나 색이 변하거나 움직이고 만지면 심한 통증이 있거나 할 경우에는 골절일 수 있습니다. 잘 모를 때는 골절이라고 판단하고 대처하도록 합시다. 부목을 대고 골절부위를 확실히 고정하는 것이 중요합니다.

대퇴골 골절시 응급처치

팔 골절시 응급처치

손목 쪽을 위로 향하게

손가락 골절시 처치

볼펜을 부목 대용으로

부목으로 사용할 수 있는 것을 찾아봅시다

판자

신문지를 말거나

접는 우산

잡지

붕대가 없을 때에는 수건을 지그재그로 잘라서 길게 사용

삼각건 사용법 ①

**상처를 입은 사람에게
말을 걸어가며 처치합시다**

삼각건은 지혈, 상처 부위 보호 및 감염방지, 통증완화 등을 위해 감습니다. 상처 크기와는 상관없이 신체 어느 부위에도 사용이 가능하므로 응급처치에 유효하고 편리한 재료입니다. 출혈이 있을 때에는 청결한 거즈 등을 상처 부위에 대고 감습니다. 또한 삼각건이 지면이나 바닥에 닿지 않도록 합시다. 너무 세게 묶으면 피가 잘 통하지 않고, 너무 느슨하면 풀려 버리기 때문에 환자에게 물어봐가면서 묶도록 합니다.

밑에서 4센티미터 정도 접습니다

110
155

머리를 다쳤을 경우 귀 뒤쪽에서 말아주어 뒤에서 교차해

앞에서 묶습니다

남은 천을 교차해 묶는다

상처를 피해 묶을 것

큰 천을 대신 사용해도 좋다

삼각건 사용법 ②

삼각건을 접어서

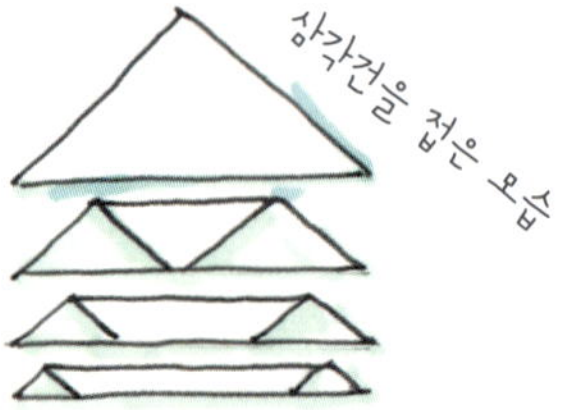

삼각건을 접은 모습

팔을 고정하거나

접은 삼각건을 이용해 고정

삼각건을 이용한 고정

염좌 테이핑이나

앞에서 묶는다

발바닥의 움푹 들어간 곳에서부터 발목 뒤쪽으로 교차

붕대 대신 사용합니다

상처 부위에는 거즈 등을 대고 나서

남은 부분은 꼬아 줄 형태로

묶어서 안 쪽으로

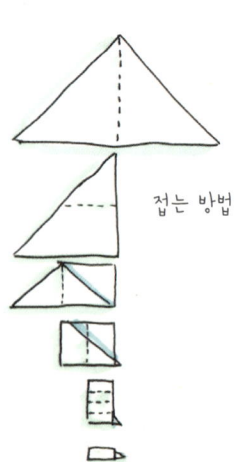

접는 방법

의식이 있는 사람을 이송하는 법

안전하게 이송하는 것이 최우선!

사람 한 명을 옮기는 것은 매우 힘든 일입니다. 경험이 없는 사람은 위험할 수 있습니다. 하지만 비상시에는 재빨리 안전한 장소로 피신시켜야 할 경우도 있지요. 성인을 이송할 때에는 2명 이상이 신중하게 해야 합니다. 의자에 앉힌 채로 2명이 이송하는 방법도 있습니다. 어려움이 있을 경우에는 주위 사람에게 도움을 요청하도록 합시다.

업을 수 있는 아이는 업습니다

걸을 수 없는 사람을 2명이 옮기는 방법

서로의 손목을 꽉 잡아

건조대와 체육복을 이용해 들것을 만드는 방법

반드시 건강한 사람으로 시험한 후에 사용합시다

우는 아기를 달랠 때도

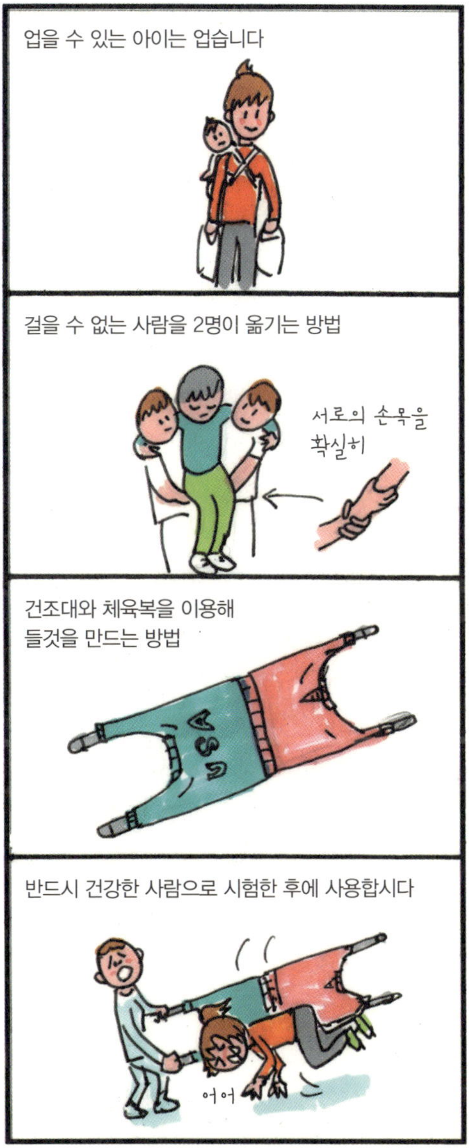

의식이 없는 사람을 이송하는 법

부상자의 다리를 겹쳐서 하나로 한 후 상체를 일으킵니다

양 옆구리로 손을 넣어 부상자의 한 쪽 팔을 잡고 팔을 모으듯이 해서 엉덩이를 들어올려 뒤로 물러섭니다

부상자의 양 무릎을 모아 끌어안고 손목을 붙잡아 안정시킵니다

눕힐 때에는 기도가 막히지 않도록 옆으로 눕힙니다 이를 회복 체위라고 합니다

위험한 장소에서 재빨리 벗어나자

의식이 없는 부상자를 일단 위험한 장소에서 안전한 장소로 옮길 때 유용합니다. 부상자를 움직이거나 이동시키는 경우에는 항상 다소간의 위험이 따릅니다. 현장의 상황과 환경(협력자의 유무), 부상자의 상태(의식 유무), 부상 부위 등을 파악하고 올바른 방법을 선택해야 합니다.

체중이 가벼운 사람은 안아서

저체온증 대처법

추운 대피소에서의 행동 요령

신체 중심의 온도가 35도까지 내려가면 저체온증이 됩니다. 만약 옷이 젖었다면 갈아입혀야 합니다. 따뜻한 음료를 마시게 하고(없다면 찬 음료라도), 목 막힘이 없는 것 같다면 영양분이 있는 음식을 먹게 하세요. 페트병이 있다면 체온 정도의 따뜻한 물을 넣어 겨드랑이, 고관절 부위, 목 주위(맥이 짚히는 곳)를 따뜻하게 합니다. 가능하다면 건강한 사람이 옷을 벗어 저체온증세를 보이는 사람과 직접 피부를 맞대어 따뜻하게 하는 방법이 효과적입니다.

마실 수 없는 물이라도 OK!
따뜻한 물을 넣어

페트병을 이용한 보온병!

잇몸을 문질러 폐렴을 예방한다고?

대피소에는 물도 없고 칫솔도 없습니다

구강 위생 악화와 스트레스에 의해
기도에도 세균이 들어가기
쉬워집니다

칫솔을 구했다면
이와 잇몸을 칫솔질 합시다

치약은
묻히지 말고

가볍고 세심하게 닦는다

머리도 입안도 상쾌해집니다

시원! 상쾌!

잇몸은 뇌와 직결됩니다

대피소에서는 고령자를 중심으로 폐렴이 많이 발생합니다. 폐렴의 주요 원인은 입안에 있는 구내세균입니다. 대피 생활에서 몸을 잘 움직이지 않으면 뇌의 혈류가 나빠져서 구내세균이 폐에 침입하게 됩니다. 칫솔로 잇몸을 문질러 자극하면 뇌의 혈류량이 증가해 구내세균이 폐에 침입하는 것을 막아줍니다. 더구나 폐렴의 원인이 되는 구내세균까지 감소시키지요. 부드럽고 세심하게 잇몸을 마사지 하듯 칫솔로 닦아줍시다.

양치질을 할 수 없을 경우 구강 청결법

**뚜껑 한 잔 정도의
물로 쉽게 할 수 있다**

양치질을 할 수 없는 장소에서 식사를 할 때에는 꼭꼭 씹어서 침이 많이 분비되도록 해서 먹어야 합니다. 다 먹은 후에는 혀를 이용해 이를 청소합니다. 손가락이나 화장지를 사용해도 OK. 그러고 나서 뚜껑 한 잔 정도의 물로 입 안을 헹굽니다. 평소에도 식사 후 물이나 차로 입안을 헹구는 것만으로 충치가 예방됩니다.

페트병 뚜껑 한 잔 정도의 물을 입에 머금습니다

이와 이 사이에 물을 통과시키듯이 혓바닥, 입 전체를 구석구석 헹굽니다

사용한 화장지나 구긴 신문지에 뱉어 버립니다

자기 전, 아침에 일어난 후, 식사 후 등 잊지 말고 부지런히 합시다

혀를 이용해 이를 청소

침이 나오게 하는 마사지를 합시다

큰 침샘을
자극하기 위해서

이하선
설하선
악하선

입이 마르는 것을
방지하기 위한 마사지

침은 세균이나 바이러스 감염을 막는 데 효과가 있습니다. 침은 약알칼리성으로 입안의 산성화를 중화시켜 충치의 진행을 막아줍니다. 식사 전 3분 정도 아프지 않을 정도의 세기로 눌러줍니다. 침이 나오는 것을 느낄 수 있을 것입니다. 또 수분이 부족하면 침의 분비도 나빠집니다. 수분은 자주 섭취하도록 합시다.

마사지를 합니다

귓불 밑 부근을
뒤에서 앞으로
빙글빙글 돌립니다

턱 안쪽,
귀 뒤에서
턱 밑까지
순서대로
누릅니다

혓바닥 체조도 해봅시다

앞으로 내밀거나
안쪽으로 당기거나
혀를 만다

레몬이나 매실을
상상하는 것만으로도
효과적

틀니를 빼 놓자

**틀니를 사용하는 사람은
특히 주의를!**

대피소에서는 다른 사람을 의식해서 틀니를 빼기가 좀……. 하지만 틀니를 한 채로 자면 틀니에 세균이 증식하고 맙니다. 물이 충분치 않은 대피 생활에서는 화장지나 거즈를 손가락에 감아서 닦도록 합시다. 또 틀니는 깨끗한 물에 보관합시다. 틀니는 건조하면 변형이 되고, 통증의 원인이 됩니다.

건강한 침은 물 같지만 입 안이 더럽다면 끈적끈적해집니다

틀니는 식사할 때 이외에는 빼 놓는 것이 좋습니다

건강한 잇몸 색은 연분홍입니다

8020운동으로
80살까지 20개의 이를 남겨요

칫솔이 없을 때에는
화장지나 거즈로 닦으세요

목욕을 할 수 없을 때

세숫대야 1개분의
따뜻한 물로 몸을 씻자

오랫동안 목욕을 할 수 없다면 괴롭지요. 비상시에는 따뜻한 물에 담가 꽉 짠 수건으로 몸을 닦아서 몸을 개운하게 합시다. 마요네즈 등의 용기 뚜껑에 압정으로 구멍을 뚫어서 비데를 만들어서 써도 좋겠지요. 병간호용 물수건이나 샴푸용 물수건을 사용해도 좋습니다.

따뜻한 물을 두 개로 나누어 담습니다

비누를 푼 따뜻한 물 / 따뜻한 물

수건도 2개를 사용합니다

비눗물을 적신 수건으로
몸을 닦은 다음에
따뜻한 물에 적신 수건으로
닦습니다

음부도 비눗물로 씻고,
따뜻한 물로 헹구어 줍니다

마요네즈 병으로 만든
간이 비데

샴푸용 물수건

병간호용 물수건

단수 시 머리를 감는 법

불쾌감의 원인은 두피 오염

두피는 피지가 분비되면서 며칠이 지나면 악취가 나고 가렵습니다. 두피의 피지를 제거하는 것만으로도 위생뿐 아니라 기분도 챙길 수 있습니다. 면장갑과 알코올을 구할 수 없으면 젖은 수건(따뜻하게 한 수건)으로 두피를 중점적으로 닦아주세요. 물이 필요 없는 샴푸도 시중에서 구할 수 있으니, 단수를 대비해서 사두는 것도 좋습니다.

헤어스타일을 신경 쓰지 않아도 되는 모자가 편리해요

두피 마사지를 해서 두피 피지를 살짝 뜨게 합니다

물에 소독 액이나 소주를 섞어서

면장갑에 적신 후 두피와 머리를 문지릅니다

깨끗해지는 것은 물론 기분까지 상쾌해져요

상쾌해!

식중독이 의심될 경우 대처법

탈수 증상, 토사물에 목이 막히지 않도록 주의

탈수증을 예방하기 위해 물이나 차, 스포츠 음료 등으로 수분을 보충합니다. 토사물은 기관지를 막아 호흡곤란이나 폐렴을 일으키기 쉬우므로 옆으로 눕히도록 합시다. 반드시 마음대로 판단해서 설사약(지사제)을 먹지 않도록 합니다. 식중독은 때때로 죽음에까지 이르는 경우도 있습니다. 조금이라도 증상이 심해지면 보건소나 응급실을 찾아가세요.

냉장고가 멈춰버리면
식중독이 발생할 위험도 커집니다

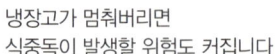

설사나 구토는
몸에 들어온 독을
배출한다는 증거

세면기에
비닐봉지를 덮고
신문지를 깐다

탈수가 되지 않도록
스포츠 음료나 수제 이온음료로
염분과 수분을 보충하고

소금, 설탕을
녹인 물

토하기 쉬운 자세로 눕힙니다
증상이 나빠지면 병원으로

지사제나
해열진통제는
마시는 않는다

열사병은 재빨리 대처하자

**증상이 심해지면
목숨을 잃을 수도 있어요**

'목이 마르다'고 느꼈을 때는 이미 수분이 부족하다는 증거입니다. 특히 성장기의 어린이나 고령자는 열사병에 걸리기 쉽기 때문에 주의해야 합니다. 열사병이 의심되면 재빨리 시원한 곳으로 이동시켜 옷을 느슨하게 하고 휴식을 취해야 해요. 경련이 있는 부위는 마사지를 해야 합니다. 그리고 신체 특정 부위가 차갑다면 역시 마사지를 해줍시다. 열사병은 응급처치 후에 병원에 가서 진찰을 받도록 합시다. 반응이 느리거나 의식이 없을 경우에는 지체 없이 구급차를 부르세요.

더위로 많은 땀을 흘렸을 때

수분, 염분 보충이 충분하지 않으면 열사병에 걸립니다

시원한 곳으로 이동하고 이온 음료 등으로 수분과 염분을 동시에 보충합시다

두꺼운 혈관이 있는 부위를 수건이나 얼음으로 식혀줍시다

고령자는 집안에서 열사병에 걸리는 경우도 많습니다

지진으로 멀미가 날 때

몸을 움직여서
지진 멀미를 해소합시다

반복해서 지진을 체감하면 배 멀미와 비슷한 증상이 일어납니다. 어지럼증이나 헛구역질을 하거나 팔다리가 차가워지고 식은땀이 나는 경우도 있습니다. 해소법은 수면과 수분을 충분히 취하고 팔다리를 따뜻하게 하고, 스쿼트 같은 가벼운 운동을 하는 것입니다. 가만히 있기보다는 계속해서 몸을 움직이는 것이 좋습니다. 멀미약을 먹는 방법도 있지만, 증세가 계속될 경우에는 다른 질병의 가능성도 있으므로 병원에 갑시다.

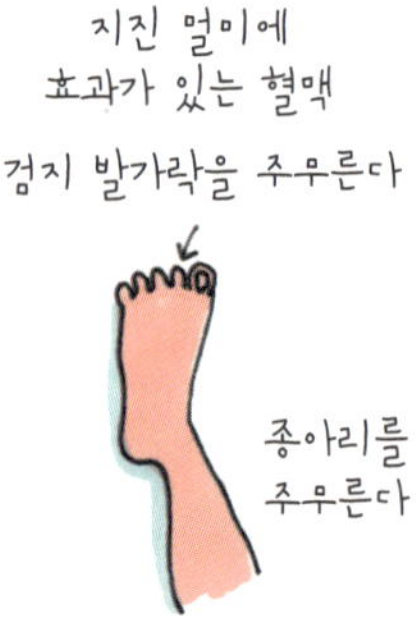

큰 지진이 있고 나서는

계속되는 여진에
또 여진이!
위잉

지진이 아니더라도 흔들리는 듯한 착각에 빠집니다
두근두근
지금 흔들리는 건가?
휴대폰이 울리는 건가?

심호흡을 하고 손발을 쭉 뻗습니다
손을 비비고 따뜻한 음료를 마시면서 안정을 취합시다

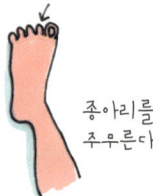

지진 멀미에 효과가 있는 혈맥
검지 발가락을 주무른다
종아리를 주무른다

평형감각 장애에 의한 어지럼에 주의하자

**액상화로 거리 전체가
마치 파도가 치는 것처럼**

사람은 평평한 사물을 평평하게 보려는 의식이 있습니다. 지진으로 휘어진 마루나 기둥 근처에 오랫동안 있으면 평형감각이 이상해져 속이 메스껍고 어지럼증이 생기기도 합니다. 액상화 대책은 지반에 시멘트와 같은 안정재료를 섞어 강도를 증가시키는 방법이나 지반에 말뚝을 박는 방법 등이 있습니다. 이제부터 집을 짓는 사람은 전문가에게 상담을 받으면 좋겠지요.

지면의 액상화 현상으로 거리가

건물이 기울고 말았습니다
구슬이 데굴데굴

기울어진 곳에 있으면 몸이 안 좋아지고 어지럼증이 생깁니다

액상화 현상은 과거의 지형이 영향을 줍니다
늪지대
논
해안

보수 공사는 6,000만 원에서 1억 원!

물에 빠진 사람을 도와주는 법

텔레비전에서 보는 것과 같은 과장된 몸짓으로 물에서 허우적대는 사람은 거의 없습니다

정말로 물에 빠진 사람은 조용히 가라앉습니다

물에 빠진 사람을 발견하면 도움을 청하고 물에 뜨는 물건들을 던져줍시다

먼저 자신의 안전을 확보하고 도와줍니다

구조자가 함께 사고를 당하지 않도록!

물에 빠진 초등학생을 한 주부가 빈 페트병을 던져서 구했다는 이야기가 있습니다. 5~6개의 페트병은 제대로 던지지 못 했으나, 마지막에 던진 토마토 주스 병이 초등학생 손에 닿았다는 것입니다. 페트병을 붙들고 간신히 머리와 무릎만을 수면 위로 내놓을 수 있었던 소년은 무사히 구조되었습니다. 한편 물에 빠진 사람을 구하기 위해 물에 뛰어든 경찰관이 오히려 물에 빠져 죽은 사건도 있었지요. 물에 빠졌던 사람은 살았다고 하네요. 물에 뛰어들어야 하는 어쩔 수 없는 경우에는 옷을 모두 벗고 들어가도록 합시다.

목숨을 구하기 위한 응급행동

소중한 목숨을 구하기 위해 용기와 판단력을!

구급차가 현장에 도착하기까지 전국 평균 5~6분 정도 걸립니다. 인간이 살아가는 데 가장 중요한 뇌는 산소 공급이 끊기면 3~4분밖에 살 수 없습니다. 단지 구급차를 기다리는 것이 아니라 기다리는 도중에라도 한시라도 빨리 심폐소생술을 실시합시다. 이것은 그 장소에 있는 사람만이 할 수 있습니다.

병원에 이송되기까지 시간은 평균 36분

중학생이

강에 빠져 있던 초등학생을 물에서 건져서

텔레비전에서 봤던 심장 마사지를 흉내 냈더니 초등학생이 숨을 쉬기 시작했습니다

잘할 수 있느냐가 아니라 하지 않으면 죽는다고 생각하세요. 판단은 당신의 몫입니다

10

재해 후
마음의 안정 되찾기

재해 후 3주 정도 지났을 때가 중요해요

정신을 차리고 긴장을 유지하는 것은 3주간 정도
호랑이한테 물려가도…

여진이나 스트레스에 의한 불면, 어지럼증, 우울증

어린이들도 아토피가 심해지거나 고름을 싸거나 두드러기가 발생해요

이코노미클래스 증후군이나 심근경색도 주의해야 합니다

3주가 지나면 마음을 편하게!

많은 대피소에서는 제대로 씻을 수 없어서 비위생적인 생활이 계속됩니다. 감염병이 만연하기도 하지요. 사람이 긴장을 유지할 수 있는 시간은 3주 정도가 한계입니다. 이 한계가 지나면 급격하게 컨디션이나 정신이 악화하는 경우가 있습니다. 3주가 지나면 일부러라도 휴식을 취하도록 합시다.

없던 일로 하고 싶은 것도 마음의 병이에요

**가혹한 현실에
정신이 버틸 수 없어요**

쓰나미 피해를 입은 항구의 어업조합장은 '꿈일 거야. 제발 꿈이었으면 좋겠다. 하지만 산더미 같은 건물 잔해를 보고 꿈이 아닌 현실임을 직시할 수 있었다'고 했습니다. 누구라도 꿈이기를 바라는, 그러한 가혹한 현실입니다. 자원봉사자 중에는 심리상담사도 있습니다. 자신은 물론 주위 사람의 행동이 이상하다고 생각되면 재빨리 상담하도록 합시다.

한신아와지 대지진 때, 자신에게 일어났던 일들이 믿을 수 없어서

집이 무너졌다

믿고 싶지 않아서 갑자기

아내는 어디에

이런 곳에서 뭘 하고 있는 거지?

얼른 집에 돌아가야지!

전쟁에서 불타버린 집을 바라보던 할머니들은 의연했습니다

목숨이라도 부지했으니 다행이다!

'지진은 없었다'고 부정하는 사람들이 남녀노소를 불문하고 많았습니다

마음을 덮친 재해- 혼자 남겨졌을 때 ①

식욕이 전혀 없습니다…

억지로 먹으려 해도
모두 토하고 맙니다…

나는 재해를 당하지 않았지만…
가족은 모두 죽고 말았습니다

단순히 희생자 수에는
드러나지 않는 마음의
상처를 안고 사는
사람들이 많습니다

남겨진 사람들의
슬픔과 마음의 상처

재해를 당해 겨우 목숨을 건진 사람들은 하루 종일 여기저기 대피소를 돌아다니며 가족을 찾습니다. 건물 잔해 속이나 시체안치소에서 가족을 찾고, 저녁이 돼서야 체육관에 마련된 대피소의 차가운 바닥에 몸을 눕힙니다. 거기에는 자신에게 닥친 비극을 호소할 만한 작은 공간조차도 없습니다.

마음을 덮친 재해- 혼자 남겨졌을 때 ②

**사람은 사람에게서
안정을 얻을 수 있어요**

사람들은 다른 사람이 자신을 필요로 할 때 기쁜 법입니다. 희망이 있다면, 괴로운 현실일지라도 살아갈 수 있습니다. 마음의 평정을 되찾은 어느 피해 여성은 대피소에서 없어서는 안 될 존재가 되었다고 합니다. 자원봉사자 중에는 다른 이들의 이야기를 들어주는 사람도 있습니다. 마음의 상처를 극복하기 위해서는 작은 일이 일상을 되찾는 첫걸음이 되기도 합니다.

마음의 재해에 힘들어 하고 있을 때 여성 자원봉사자가 다가와 주었습니다…

대피소에서 사용하는 간판이나 메시지를 남기는 일 등을 돕기 시작했습니다

아이들이 꽃이나 새를 그려달라고, 종이연극을 해달라고 조르는 걸 들어주다보니…

'마음 속의 평정'을 되찾을 수 있었습니다

태핑 터치(tapping touch)로 안정을 되찾자

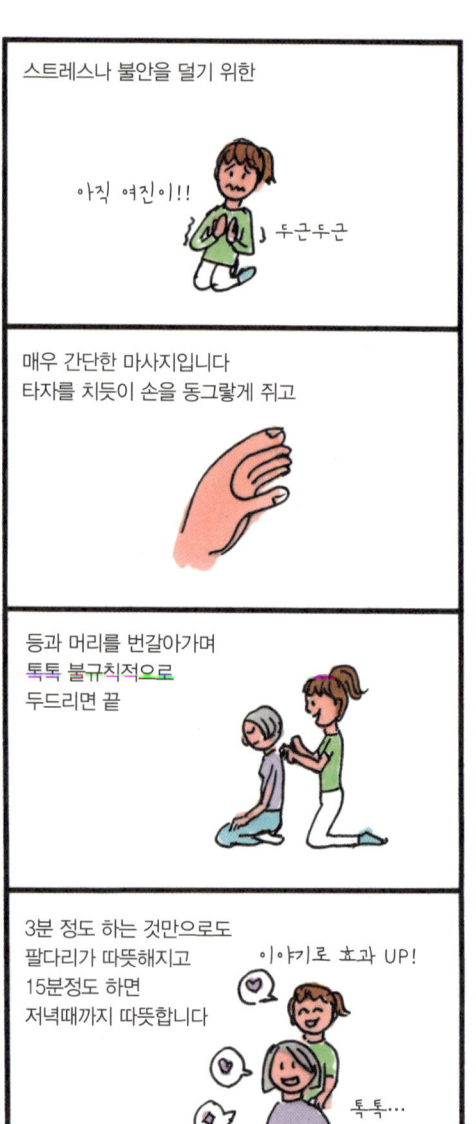

**불안해하지 말고
천천히 손가락 마사지를!**

손끝의 부드러운 부분을 사용해 가볍게 튕겨주듯이 좌우로 번갈아가면서 부드럽게 두드리면서(tapping) 마사지를 합니다. 15분 정도 태핑을 하면 신경안정제인 '세로토닌'이 증가해, 체온이 상승합니다. 1초에 1회 정도, 여유 있는 리듬으로 힘을 빼고 해봅시다. 담담하고 조금은 부족한 듯한 느낌으로 태핑을 합니다. 긴장이 풀리고 마음이 안정됩니다.

혼자서 할 수 있는 태핑 터치

**앉은 채로
언제든지 할 수 있어요**

1초에 1회 정도 천천히 힘을 빼고 합니다. 너무 느린 박자 때문에 짜증이 날 수도 있겠지요. 이 짜증은 마음이 힘들다는 증거입니다. 불면, 재해로 인한 쇼크나 신경이 곤두서 있을 때 굳어버린 심신을 풀어줄 것입니다.

액세서리와 같이 방해가 될 만한 것들은 풀고…

팔을 가볍게 흔들어 힘을 뺀다

턱, 관자놀이, 이마, 정수리 등…

밑에서 위로 한 부분을 20~30회 씩 태핑

목, 어깨, 가슴 위, 명치, 아랫배도…

태핑은 좌우 번갈아서

손끝은 힘을 빼고 터치 마시멜로를 만지듯이

양손의 온기를 전달하고 3번 숨을 쉽니다

재해 후 마음의 안정 되찾기

둘이서 할 수 있는 태핑 터치

**자장가와 같은
박자로 해보세요**

태핑 터치는 짝지어 하면 매우 효과적입니다. 여유 있는 터치와 대화를 즐기면 됩니다. 몸의 긴장이 풀리면 자신이 매우 소중한 존재이고, 보살핌을 받고 있는 듯한 느낌이 들어 긍정적인 사고가 됩니다.

상대의 등에 손을 대고 말을 겁니다

시작 할게요 ♡

좌우 교대로 리드미컬하게

견갑골 주변부터 등 전체로 목에서 머리를 태핑

톡!톡!

상대가 원하는 곳도 태핑

받는 사람도 기분이 좋지만 해주는 사람도 뇌가 활성화되어 마음이 편안해져요

마지막에는 손바닥을 대고 숨을 세 번 쉽니다

스트레칭으로 긴장을 풀자

잠이 오지 않는 밤에는 가볍게 스트레칭을

스트레칭은 긴장을 풀어주는 효과가 있습니다. 숨을 길게 내쉬면서 스트레칭을 하면 근육이 이완됩니다. 반동과 탄력을 이용해 스트레칭을 하면 근육과 관절에 큰 부담이 되니 주의합시다. 반대로 숨을 참으면 근육이 긴장해서 제대로 이완되지 않습니다. 요를 깔고 천천히 호흡하면서 무리하지 않는 범위 내에서 스트레칭을 해보세요.

팔다리를 쭉 뻗어 몸 전체를 폅니다
30초

한 쪽 다리를 무릎까지 끓어 올립니다.
왼쪽, 오른쪽, 천천히
30초

배꼽을 보듯이 두 팔로 두 다리를 안아서 당깁니다
30초

엎드려서 엉덩이를 들어올려 등을 쭉 폅니다
30초

생각날 때마다 스트레칭

재해 후 마음의 안정 되찾기

마음껏 울어보자

'울음'으로 마음을 청소하자

한신아와지 대지진과 동일본 대지진은 사람들에게 평화로운 일상이 영원하지 않다는 사실을 가르쳐 주었습니다. 그리고 매일 같이 하던 자신의 고민이 얼마나 작은 일이었는지……. 그리고 원자력 발전소 사고로 '정보의 진실'이 불분명하게 되었지요. 재해 전과 재해 후에 마을의 풍경이 변한 것과 마찬가지로 우리들의 마음과 의식도 변하고 말았습니다. 불안, 슬픔, 회복, 새로운 사회에 대한 기대와 우려……. 복잡한 생각이 머리를 떠나지 않습니다. 때로는 '슬픈 영화'라도 보고 마음껏 울면서 마음 청소를 하는 것도 좋습니다.

대피소에서는 재해민들이 모여 있습니다

괴롭다, 슬프다는 약한 소리를 계속 할 수는 없습니다

마음 놓고 울 수 있는 개인적인 공간이 필요합니다

재해민이 아니더라도 때때로 마음껏 울어 봅시다

차가운 수건으로 눈의 붓기를 가라앉히자

밝은 내일을 위해 미소 짓는 습관

스트레스에 효과적인 '세로토닌'

햇볕을 쬐고 몸을 움직이면 세로토닌이 분비됩니다. 세로토닌은 신경전달물질로 세로토닌이 부족해지면 우울증과 같은 정신질환에 걸리기 쉽습니다. 살짝 웃으면 억지웃음이라 해도 뇌가 활성화됩니다. '맛있다'고 소리를 내면 그 자극으로 인해 행복감이 높아집니다. 또한 목욕탕에 몸을 담그면 부교감 신경이 자극을 받아 몸과 마음이 안정됩니다. 밤늦게까지 텔레비전이나 컴퓨터에 정신이 팔리지 말고, 일찍 잠자리에 들어 뇌를 쉬게 합시다.

웃는 낯에 침 못 뱉는다

아침에 일어나서 신선한 공기를 마시고 햇볕을 쬔 후

거울 앞에 서서 미소를 짓습니다

거울아 거울아

밥을 천천히 꼭꼭 씹어 먹고 '정말 맛있다'라고 소리를 내어봅니다

자기 전에 미소를 띠며 일찍 자는 습관을 들입시다

부정적 분위기에 휩싸이지 말자

피해를 받지 않은 사람들을 엄습하는 마음 속 재해

동일본 대지진이 일어난 그 날부터 직접 재해를 받지 않은 사람들이라 할지라도, 죄책감이나 무기력감에 휩싸여 불면, 불안, 정서불안을 호소하는 경우들이 많아졌습니다. 재해민들의 슬픔과 고통을 자신의 일처럼 여기기 때문에 일어나는 증상입니다. 지금 자신이 할 수 있는 일을 생각해봅시다. 절전이나 지원물자의 제공, 모금 등 찾아보면 의외로 가까운 곳에서 할 수 있는 자원봉사도 있을 것입니다. 만약 너무나도 고통스럽다면 잠시 텔레비전을 보지 않거나 자연 속을 걸어보는 것도 좋습니다.

반복해서 텔레비전에서 보도되는 비극적인 영상

불쌍한 재해민들

끝이 보이지 않는 원자력 발전소 사고

하염없이 방출되는 오염수

아무 것도 할 수 없는 자신이 원망스럽고 무기력하게 느껴져 불안합니다

손에 일이 잡히지 않아요

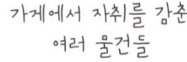
가게에서 자취를 감춘 여러 물건들

물

화장지

컵라면

11

방사능 오염 대처법

방사능에 대한 기본 상식

방사성 물질의 성질은 각양각색

'방사능'은 방사성 물질이 방사선을 뿜어내는 능력을 일컫습니다. 하지만 일반적으로는 방사성 물질을 가리켜 '방사능'이라고 합니다. 방사성 물질은 원래 자연에도 존재하고 있습니다. 또한 방사능이나 방사성 물질은 종류가 많고, 각각 독성도 특징도 다릅니다. 원자력 발전소 사고에 의한 방사성 물질이 자연으로 방출되면 바람이나 물을 타고 퍼지게 되어, 농작물, 토양, 바다, 가축 등을 오염시킵니다. 바람을 타고 날아다니는 가벼운 물질은 순식간에 지구를 일주합니다. 또한 체내로 들어오면 방사선을 지속적으로 방출하기 때문에 건강에 피해를 줍니다. 반감기는 물질에 따라 짧게는 일주일, 길게는 수억 년이나 반영구적으로 걸리기까지 합니다. 한 예로 플루토늄은 인간이 만들어낸 인공 원소로 반감기가 2만 4천 년입니다.

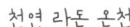
천연 라돈 온천

눈에 보이지 않는 방사능 공포

**사람은 눈에
보이지 않는 것을
두려워합니다**

원자력 발전소 폭발사고 등이 발생하면 방사성 물질이 미립자가 되어 대기 중에 떠돌아다니면서 바람을 타고 확산됩니다. 그리고 옷이나 피부에 달라붙어 방사선을 방출합니다. 방사성 물질이 된 미립자를 들이마시거나 오염된 물, 음식을 섭취하면 체내는 방사선에 계속해서 노출됩니다. 이를 '내부피폭'이라고 합니다.

방사능으로부터 몸을 지키자 ①

방사능 대책은
황사 대책과 비슷합니다
가능한 한 피부를 덮는
복장을 하고

마스크 안 쪽에는 물에 적신 거즈를 댑니다

집으로 돌아와서는
입을 헹구고,
손을 씻습니다
겉옷은 방으로 갖고
들어오지 말 것

특히 비가 오는 날은
비에 젖지 않도록
주의해야 합니다

외출할 때는 각별히 주의!

방사능은 눈에 보이지 않고, 냄새도 없으며, 통증을 유발하지도 않습니다. 강한지, 약한지, 영향이 있는지도 알 수 없습니다. 설명을 들어도 잘 모르겠지요. 매스컴에서는 '괜찮다'는 말만 되풀이하고……. 무서운 게 사실이지요. 걱정이 될 때는 스스로 조심해서 외출할 때는 비옷이나 1회용 비옷으로 무장하는 것도 좋습니다. 그래도 걱정이 된다면 집으로 돌아와서는 샤워를 해서 오염물질을 제거하도록 합시다. 정보를 확인하고 혼란에 빠지지 않도록 냉철하게 대응하는 것이 중요합니다.

샤워로
오염물질을 제거

방사능으로부터 몸을 지키자 ②

실내 대피경보가 발령되면 외출을 자제합시다

후쿠시마 현의 원자력 발전소의 방사능 유출로 인해 실내 대피 경보가 발령된 것은 그리 오래된 이야기가 아닙니다. 방사선은 거리와는 상관없이 바람을 타고 날라 옵니다. 외부 공기가 실내로 들어오지 않도록 비닐 등으로 창문이나 틈을 막도록 합시다. 집 밖에 놓아둔 식료품도 실내로 옮기도록 합니다. 빨래도 방안에 널고, 밖에서 기르고 있던 애완동물도 목욕을 시켜 집안에 들여놓도록 합시다. 걱정이 된다면 집안에서도 제일 깊고 창문이 없는 방에서 지내도록 합시다. 스스로 할 수 있는 대책을 찾아봅시다.

애완동물도 함께

창문을 확실히 닫고 비닐이나 에어캡(뽁뽁이)으로 덮습니다

환기구나 에어컨도 비닐 등으로 덮어서 외부의 공기가 들어오지 않도록 합니다

환기가 필요한 난방 기구는 사용을 금하고 급탕기도 사용하지 않습니다

환기할 필요가 없는 전기장판 등을 사용합시다

음식의 방사성 물질을 제거하는 방법

흐르는 물로 씻고
껍질을 벗깁니다

삶은 후 물은 버리세요

식초로 절이면 좋습니다

내부 피폭에는 애플팩틴(Apple pectin)이
효과적입니다. 팩틴이 방사성 물질을 감싸서
몸 밖으로 배출합니다

사과잼

방사성 세슘은 물과 식초로 녹여서 배출시키자

시중에 나와 있는 채소나 고기의 안전성이 걱정된다고 가공식품만 먹으면서 살 수는 없는 노릇입니다. 방사성 물질이 걱정되는 사람은 씻고, 껍질을 벗기고 삶아서 찬물로 씻고, 소금이나 식초로 절여서 식품의 수분을 밖으로 빼내는 조리법을 이용해보세요. 생선의 내장은 버리고 잘 씻어내시고요. 쌀은 정미해서 씻도록 합니다. 평소에 하고 있는 음식 준비를 더욱 철저히 하는 것이 중요합니다.

출처: 《체르노빌 방사능과 영양》

잘못된 정보에 휘둘리지 맙시다

사실과 다른 거짓 정보가 넘쳐나요

인터넷이나 휴대폰의 발달로 인해 근거 없는 정보나 거짓정보가 단체 메일이나 트위터를 통해 눈 깜짝할 새에 퍼집니다. 한편 재해민들은 정작 필요한 정보를 얻지 못합니다. 혼란에 빠지지 않도록 냉철하게 자신의 머리로 생각해보는 것이 중요합니다. 단체 메일의 경우 출처가 명확한 정보를 호의로 다른 사람에게 전송하는 사람들도 있다는 점도 유의하세요. 수신 메일의 내용이 정확한지 확인하고, 잘못 전송하지 않도록 합시다.

방사능에 좋다고 하는
가글액, 목 스프레이, 소독 비누는…
본래 마실 수 있는 것이 아니므로
오히려 몸에 좋지 않습니다

해초류가 좋다고는 하지만…
효과가 있는지는
밝혀지지 않았습니다

중국에서는
소금이 좋다는 소문이 돌아
너도나도 소금을 사는
일이 벌어졌습니다

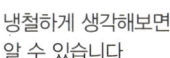

환불해 주세요!

냉철하게 생각해보면
알 수 있습니다

효과가 있는지
없는지는 몰라도
천연 요소를 가득 함유한
밥입니다

정어리 된장국   미역 밥에 마와 다시마 말이

방사능 오염 대처법

아이들의 불안에도 신경 쓰자

매스컴에서는 비참한 영상이 계속해서 방송됩니다

부모의 불안이 아이들에게 전해집니다

아이들이 알 수 있게끔 설명해주세요

배가 아파요

너무 뜨거워요

설명이 끝나면 꼭 안아주고 안심시켜주세요

곁에 있으니까 괜찮아

불안한 건 어른만이 아닙니다

지진, 쓰나미, 원전 사고, 방사능…… 주위에 널린 무서운 사건, 사고! 아이들도 불안을 견딜 수 없습니다. '내가 나쁜 아이라서 벌을 받는 것일까'라고 생각해버리는 아이들도 있습니다. 조금이나마 현실을 이해시키고, 어른들 모두가 열심히 노력하고 있다고 설명해주세요. 자기 전에는 무서운 뉴스는 보여주지 말고, 그림책을 읽어주도록 합시다.

곰 세 마리

12

대피 생활의 지혜

긴급연락 카드를 만들자

필요하다고 생각되는 정보는 종이에 적는다

미리 긴급연락 카드를 준비해둡시다. 긴급연락카드에는 이름, 생년월일, 전화번호, 연락처, 주민등록번호, 가족구성, 친지 연락처 등을 기입합니다. 운전면허증 사본이나 지병이 있는 사람은 주치의나 병원명, 처방전 사본 등을 같이 넣어두면 좋습니다. 특히 사진이 있는 신분증은 유용합니다. 지원금이나 택배를 받을 경우를 대비해 도장도 있으면 좋겠지요.

휴대전화의 보급으로 전화번호부가 휴대폰인 사람들이 많습니다

하지만 휴대전화는 전원이 꺼지거나 분실, 고장시 무용지물입니다

긴급연락 카드를 미리 준비해둡시다

대피소에서는 바로 볼 수 있도록 합시다

행사에서 받은 이름표에 한 세트를 넣어놓자

낚시 조끼를 활용해도 좋아요

대피소는 애완동물을 수용할 수 있을까?

원칙적으로 대피소는 인간이 우선

아무리 얌전한 애완동물이라도 원칙적으로는 대피소에 데리고 가서는 안 됩니다. 하지만 과거에도 대피소에서 애완동물을 받아주었다는 보고가 있습니다. 대피는 촌각을 다투는 일입니다. 우선 애완동물과 같이 대피소로 대피하는 것도 하나의 방법입니다. 당연히 동물을 싫어하는 사람들도 있기 때문에 주위에 배려를 잊지 말아야 합니다. 만일을 위해서도 목줄, 이름표, 주소 등 주인을 알 수 있는 표식을 해둡시다. 자치단체나 동물 보호단체 등의 지원이 있는 경우도 있습니다. 사전에 미리 알아봅시다.

강아지도
지진은 무서워!

애완동물을 기르는 사람에게
애완동물은 가족…
하지만 대피소는 애완동물까지
수용하기는 어렵습니다

우리 아기
귀엽지요?

애완동물과 떨어지고 싶지 않아
공원에서 대피생활을 한
사람도 있다고도 합니다

하지만 대피소는
애완동물까지
수용하기는
어렵습니다

애완동물과 가축의 생명도
어떻게 해서든 지키면서
대피할 수는 없는 걸까요…

이코노미클래스 증후군을 예방하자

거의 움직이지 않는 대피 생활

물을 덜 마시고 화장실도 참는다

혈전이 생기는 사람이 일반 생활을 할 때보다 10배는 는다고 합니다

혈류의 흐름을 촉진하는 스트레칭은

숨을 들이마시면서

몸을 뒤로 젖히고

아킬레스 건을 쭉 뻗는다

일상생활에서도 활용할 수 있습니다

이 정도라면 회사에서도 O.K! 종아리 붓기도 말끔히!

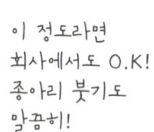

스트레칭으로 예방할 수 있습니다

이코노미클래스 증후군은 장시간 계속 같은 자세로 있으면 혈액의 흐름이 나빠져서 피가 뭉치고 실 모양의 정맥혈전이 생기는 것을 말합니다. 정맥혈전이 폐동맥에 이르면 동맥을 막아버려 사망에 이르게 됩니다. 물을 충분히 마시고 화장실을 참지 않으며, 때때로 스트레칭을 하도록 합시다. 발목을 돌려주는 것만으로도 효과적입니다. 종아리 혈관을 조여주어 혈류를 촉진해 혈전이 생기는 것을 막는 탄성스타킹(의료용 양말)을 이용하는 것도 좋은 방법입니다.

의료용 양말

조여준다 →

충분한 숙면을 취할 수 있도록 노력하자

**대피소에는
사생활이 없습니다**

초등학교, 마을회관, 공원, 자택의 마당 등……. 대피 생활을 하는 장소는 다르더라도 사생활이 없다는 것은 똑같습니다. 대피라는 큰 스트레스 상황만으로도 제대로 잠을 잘 수 없습니다. 좀 더 숙면을 취할 수 있도록 아이디어를 짜내봅시다. 눈가리개와 귀마개가 있다면 깊은 잠을 잘 수 있습니다. 대피 가방에 넣어두는 것도 좋겠지요.

종이상자로 칸막이를 만들어보자

조금이나마 사생활을 확보하기 위해!

24시간 사생활이 없는 공간은 스트레스의 원인입니다. 앉아 있을 때 옆 사람과 눈이 마주치지 않는 것만으로도 편히 쉴 수 있는 공간이 완성됩니다. 종이상자는 가공하기 쉽기 때문에 마음먹기에 따라 여러 가지를 만들 수 있습니다. 단 칸막이를 만들 때는 옆 사람에게 먼저 양해를 구해야겠지요. 불필요한 잡음이 생기는 것을 막을 수 있습니다.

종이상자를 4개로 자르고 점선 부분을 잘라 줍니다

받침이 되는 부분을 4개 만듭니다

칸막이를 받침에 꼽으면 완성입니다

옆 사람과 눈이 마주치지 않기 때문에 안심이 됩니다

종이상자를 겹쳐서 만든 방석

대피소에 활기를 불어넣는 1인 1역

**일과 책임은
삶의 보람이 됩니다**

한 평의 공간도, 모포 1장도 아쉬운 대피 생활……. 물도 식량도 연료도 넉넉하지 않습니다. 가족과 재산을 잃고, 정보도 부족합니다. 대피소에서는 여러 힘든 상황이 일어나기 마련입니다. 많은 고민과 스트레스를 안고 있는 사람들이 다툼 없이 있을 수 있다면 그게 더 이상하겠지요. 사람은 할 일이 있으면 힘을 낼 수 있습니다. 몸을 움직이면 기분전환도 되고 운동도 됩니다. 일상생활에서의 작은 변화가 슬픔과 절망 속에서의 큰 변화를 불러일으킬 수 있습니다.

리더십이 있는 사람을 대피소의 리더로 뽑자

비상시에는
리더의 역할이 필요해요

대피소에서는 우선 리더를 정하는 것이 중요합니다. 리더가 없으면 혼란이 일어나기 때문입니다. 리더를 대피소 주민들이 교대로 하는 경우도 있지만, 지역의 대표나 대피소를 제공하는 학교의 교장 등이 하는 경우도 많습니다. 과거에는 대피소에서 가장 힘이 센 사람이 좋은 자리를 차지하고 노인이나 약자를 춥고 불편한 자리로 몰아내는 경우도 있었습니다. 우선 각 개인이 제대로 된 의식을 가지고, 리더가 너무 큰 부담을 느끼지 않도록 노력합시다.

칠레의 탄광사고에서 증명된 것이 리더십의 중요성

리더 루이스 우루수아

가족도 사회도 마찬가지입니다

우리 엄마는 여장부

대피소에서는 마을 이장 등이 활약하는 경우가 많겠지요

현장에서는 리더에게만 맡겨두는 것이 아니라 리더를 잘 보좌해야 합니다

80세의 자치회장이지만 체력은 걱정 없어요

재난 현장의 영웅들에게 경의와 감사를!

재해 지역을 도와주는 많은 사람들

큰 재해가 발생하면 재해지역이나 대피소에서 구조 활동에 분주한 사람들이 있습니다. 집에 가지도 못하고 충분히 수면을 취하지도 못하고 자신의 가족을 돌볼 틈 없이 사명감 하나로 힘을 내고 있는 사람들입니다. 그러한 사람들에게도 지켜야 할 가족이 있다는 사실을 잊어서는 안 되겠지요. 큰 재해의 경우 도움을 줄 수 있는 사람들의 수는 압도적으로 적습니다. 자신이 할 수 있는 일은 적극적으로 찾아서 합시다.

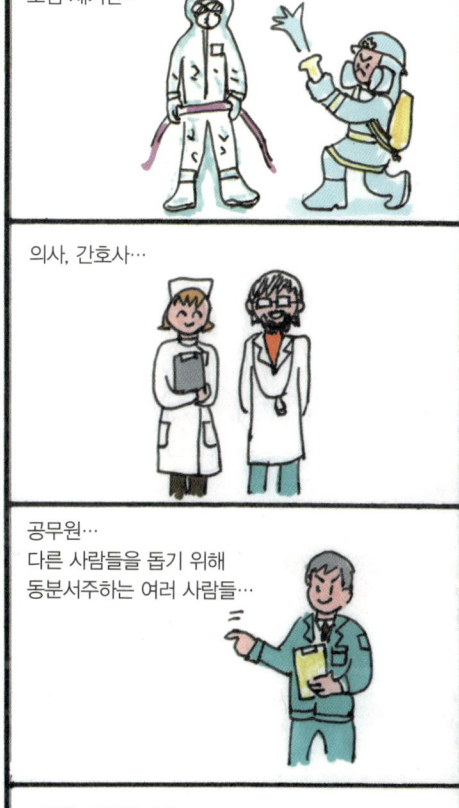

외부인이 겪는 아픔을 극복하자

친구 집에 놀러 왔다가…
재해를 당했습니다

친구와는 떨어져서 마을회관으로 대피했습니다

마을 공동체가 확립되어 있는 곳에서
저는 외부인이었습니다

아무도 걱정해주는 사람 없이
구호품을 받을 수 없는 경우도 있었습니다

내가 먼저 마음을 열면 상대도 마음을 엽니다

언제 어디에서 재해를 당할지 알 수 없습니다. 몇 시간 정도의 대피가 일주일을 넘기는 경우도 있습니다. 어떤 사람은 아는 이가 없는 대피소에서 자신이 있을 자리를 못 찾고 불안한 마음으로 대피 생활을 보냈다고 합니다. 한편 지방 사람들은 평소 훈련받은 대로 식사 준비를 하는 등 바쁜 모습이었기에, 그 사람은 말을 건넬 수도 없었다고 합니다. 평소에는 친절한 사람이라도 재해 직후에는 다른 사람을 신경 쓸 겨를이 없습니다. 만일 그러한 경우라면 적극적으로 구호활동에 참여해서 그룹의 일원이 되도록 합시다.

경우에 따라서는
대피소 생활이
장기화될 수 있습니다

소형발전기는 사용법을 반드시 확인해두자

대피 생활 중에 2차 재해를 당하지 않도록 주의하자

발전기는 잘못 사용하면 화재나 일산화탄소 중독 등의 사고를 일으킵니다. 출력에도 제한이 있어 만능이 아닙니다. 또한 발전기의 실내 사용은 금지되어 있습니다. 밖에서 사용할 경우라도 환기가 잘되는 평평한 곳에서 사용하도록 합시다. 그리고 휘발유를 연료로 하기 때문에 기름을 넣을 때에도 충분히 주의해야 합니다. 평상시에 사용하지 않는 사람이 사용할 때에는 특히 조심해야 합니다. 사용설명서를 제대로 읽고 연습해둡시다.

재해를 당한 가족이 1층에 발전기를 두고 2층에서 난방을 하다가

일산화탄소 중독으로 응급실로 실려갔습니다

밀폐된 방에 발전기를 두었던 것이 원인이었습니다

젖은 손으로 발전기를 만져서 감전되는 경우도 있습니다

가정용 부탄가스를 이용하는 형태가 인기

재해 FM(임시재해방송국)에 귀를 기울이자

재해FM에서 생활정보를 얻읍시다

임시 재해 방송국은 재해 발생 시에 임시로 개설되는 방송국입니다. 면허기간은 2개월뿐이지만, 갱신도 가능합니다. 방송내용은 재해 관련 정보, 안부 정보, 대피장소, 구호품, 가설주택, 라이프라인 복구 상황 등 생활과 밀접한 정보가 가득합니다. 정보가 필요한 재해 지역에서는 귀중한 정보원입니다.

긴급 재난 통신이나 휴대전화도 불통…

그럴 때에는 재난 시에 임시로 개설되는 라디오 방송국이 편리합니다 재난 지역 주민이 스태프로 참여하거나

빌려온 기자재를 이용하거나 자원봉사자가 운영에 참여하기도 합니다

스튜디오는 가건물에

재난 지역에 귀중한 정보를 제공합시다

동일본 대지진 때에는 4개 현에 21개의 방송국이 세워졌습니다

밝은 화제를 긍정적인 자세로!

입소문의 힘을 이용하자

아줌마 네트워크로 정보를 얻자

동일본 대지진 직후 마트에서 화장지가 자취를 감췄습니다. 어렵사리 구입한 화장지를 손에 들고 걷고 있노라니 처음 보는 아주머니가 '어디에서 샀어요?'라고 말을 걸어왔습니다. 이처럼 생활과 직결되는 정보는 입소문으로 퍼집니다. 줄을 서 있을 때 아줌마들은 서로 모르는 사이라도 소문이나 정보 교환 등으로 이야기꽃을 피웁니다. 비상시에는 특히나 정보에 민감하기에 더더욱 그렇겠지요.

재해로 인해 라이프라인*(Lifeline)이 단절

*라이프라인
도로, 전화, 상수도 등 생활을 유지하기 위해 필요한 최소한의 시설

학교 수업

급수차 배급

어느 마트가 문을 열었는지 입소문을 통해 알 수 있어요

역시 아줌마들의 놀라운 전파력!

대피 생활의 지혜

고향 사람들과의 연락을 유지하자

지진, 쓰나미, 원자력 발전소 사고로
주민의 대다수가 뿔뿔이 흩어졌습니다

다른 지역에 사는 친척, 아는 사람, 친구 집으로
많은 사람들이 허둥지둥 대피했습니다

지원금, 가설주택 안내, 성금, 국민연금, 건강보험,
학교 행정 서비스 등…

되도록 내가 먼저 연락해서 정보를 모아둡시다

정보는 각자
스스로 모으자

재해 지역에서 가까스로 목숨을 건져 고향을 등진 사람들은 '수취인불명' 취급을 받습니다. 대피소의 잦은 이동, 임시 주택에서 생활을 이어가는 중에 안정된 생활을 할 수 없기 때문이지요. 또한 동사무소나 시청 등도 피해를 입었기 때문에 과중한 업무에 혼란에 휩싸여 있을 것입니다. 가족이나 주위 사람들의 힘을 빌려 정보를 모아두도록 합시다.

13

재난에 편승한
범죄 대책

평소와는 다른 경계태세를 갖추자

대재난의 혼란을 노리는 나쁜 사람들

큰 재해를 당하더라도 참을성이 강하고, 질서정연하게 대처하는 사람들의 모습은 늘 칭찬을 받곤 합니다. 하지만 반드시 그러한 것만은 아닙니다. 혼란을 틈타 편의점의 ATM을 망가뜨리거나, 가정집에 침입해서 도둑질을 한다거나 금융사기를 치거나……. 이러한 범죄가 언제든지 내 주위에서 일어날 수 있다는 사실을 잊지 마세요.

옛날 아주 오랜 옛날에 재해가 마을을 덮치면 소문을 듣고

'인신매매범'이 찾아 왔다고 합니다 요즘에는

관광객 기분으로 찾아오는 자원봉사자, 아마추어 사진가, 구경꾼이 몰려옵니다

이 틈을 노리는 범죄자가 있는 것도 사실입니다

성금 모금을 가장한 사기도

언제 어디서든 도사리고 있습니다…

여성을 노린 범죄에 조심하자

밤에는 혼자 돌아다니지 마세요

한신아와지 대지진 때 나돌던 전설 같은 이야기. 정말로 그런 일이 있을까 생각했지만, 대지진 때 길을 걷던 한 여인이 차로 납치당하려고 하는 것을 도와준 사람의 이야기를 들었습니다. 그 친구도 재해 지역에서 자동차를 도난당했습니다. 1,000명의 착한 사람이 있다 하더라도, 1명의 악당이 치안을 어지럽히는 법입니다.

재해 지역은 선의가 넘치는 세상이 아닙니다

괜찮아요? 고마워요

사람이 안 살게 된 건물이나 가정집에서 도난이 줄을 잇고…

젊은 여성이 강간당하는 사건도 일어났습니다

가로등이 꺼지고 폐허가 된 도시의 밤 거리는 절대로 혼자 걷지 않기

나는 자율 방범대원!

재난에 편승한 범죄 대책

재해 사기를 조심하자

사람의 약점과 불안감을 이용하는 비열한 수법

재해 지역은 행정 기관도 혼란스럽기는 마찬가지. 이 틈을 노린 사기도 끊이지 않습니다. 실제로는 필요 없는 '보수 진단료'를 청구하는 등의 사기가 빈번히 일어납니다. 가족이 피해를 입었다며 헬기 이용료를 요구하거나 도로 포장공사비나 방사능 오염 제거비 등을 청구하는 등 갖은 방법으로 속이려 듭니다. 불안과 패닉에 빠져 있는 피해자를 노린 비열한 사기꾼들을 조심합시다. 성금을 모집하기 위해 집을 방문하거나 전화를 하는 경우는 없습니다. 방사능을 제거하는 약도 존재하지 않습니다.

14

재해 지역을
지원하는 방법

물자를 지원 받는 사람의 기분을 헤아립시다

손을 씻을 수 없는
대피 생활을 생각해…
1개씩 비닐 봉투에 넣습니다

지원이 필요한 사람들 입장에서
사이즈와 내용물을
포장 겉면에 적도록 합시다

세면도구는 한 세트를 구성하는 것도 좋겠지요…

쌓아 올렸을 때도
금방 알 수 있게
상자에는 다섯 면에
내용물을 적습니다

상상력을 발휘해서
남을 배려하는 포장을!

많은 품목에 걸쳐 구호물품이 재해 지역에 도착합니다. 지원 받는 사람들도 구호물품 분류에 많은 시간과 노력을 들입니다. 물자를 보낼 때 내용물을 알기 쉽게 하는 것이 중요합니다. 의류/속옷/해열제/종이기저귀/생활용품/세면도구/손난로/생리용품/종이컵/랩/음료수/식품/담요나 수건……. 구호물품은 장소, 시기에 따라 필요한 물품이 다르므로 자치단체에 확인하고 준비하도록 합니다.

기본적으로는
새것으로 준비합시다

자원봉사자의 마음가짐

자원봉사는
먼저 자신부터 챙기자

자원봉사는 경우에 따라 어려운 점이 많습니다. 동일본 대지진 직후에는 숙박, 식사, 주차장 확보, 도로 사정 등 여러 이유로 인해 자원봉사자는 그 지역 사람으로 한정되었습니다. 또한 재해 지역은 일반 차량의 출입이 제한되는 경우도 있습니다. 미경험자가 재해 지역에 갈 때에는 재해 지역에 부담이 되어서는 안 됩니다. 지역 자원봉사 센터가 설치되어 있으므로 정보를 미리 모으고 확인한 후에 움직이도록 합시다. 피해 지역에서의 활동은 매우 고된 일입니다. 피로가 누적되지 않도록 철저히 자기관리를 해야 합니다.

자동차는 기름을 가득 채워 준비
주차 공간도 미리 확인

숙박지 확보
텐트   친구 집   침낭 준비   자동차 안에서

장비와 식사도 준비해둡시다
장비   식료품   자원봉사 보험 가입

여러 종류의 자원봉사가 있습니다
식사 준비   집안 정리   아이들의 놀이 상대

재해 지역을 지원하는 방법

누구에게도 말할 수 없는 고민을 헤아리자

**'틀니' 하나로
많은 사람을 구할 수 있어요**

당사자에게는 몸의 일부처럼 중요한 것이라도 비상시에는 챙기지 못하는 경우가 있습니다. 한 할머니는 늘 사용하던 틀니를 잃어버린 채 대피소로 왔습니다. 보는 눈이 있어 창피했던 할머니는 어느 누구에게도 상담할 수 없었습니다. 할머니는 구호물품인 건빵을 먹지도 못하고 건강은 나빠져만 갔습니다. 재해 지역에서 특히 환영받던 자원봉사는 틀니나 안경을 만드는 일이었습니다.

한 노인이 추운 대피소로 이송되어 왔습니다

화장실도 참느라고 물도 잘 마시지 않고…

지급된 주먹밥이나 건빵은 먹지 않았습니다

그 이유는 틀니를 잃어버렸기 때문이었습니다

건강이 악화되어 결국 병원으로

당사자에게 소중한 것

자신의 능력을 조용히 알리자

등에는 '할 수 있습니다'라는 문구를!

각양각색의 자원봉사자들이 적재적소에 배치되는 것은 쉬운 일이 아닙니다. 도움이 필요한 사람들이 부탁하기 쉽게끔 자신의 이름을 표식에 적어 등에 붙이도록 합시다. 수화, 영어, 중국어, 마사지, 미용사, 힘쓰는 일, 보모, 전기공사, 목수, 운전…… 자신이 할 수 있는 일을 알리면서 주어진 일은 확실하게 하도록 합시다.

모두가 기뻐하는 구호물품이란?

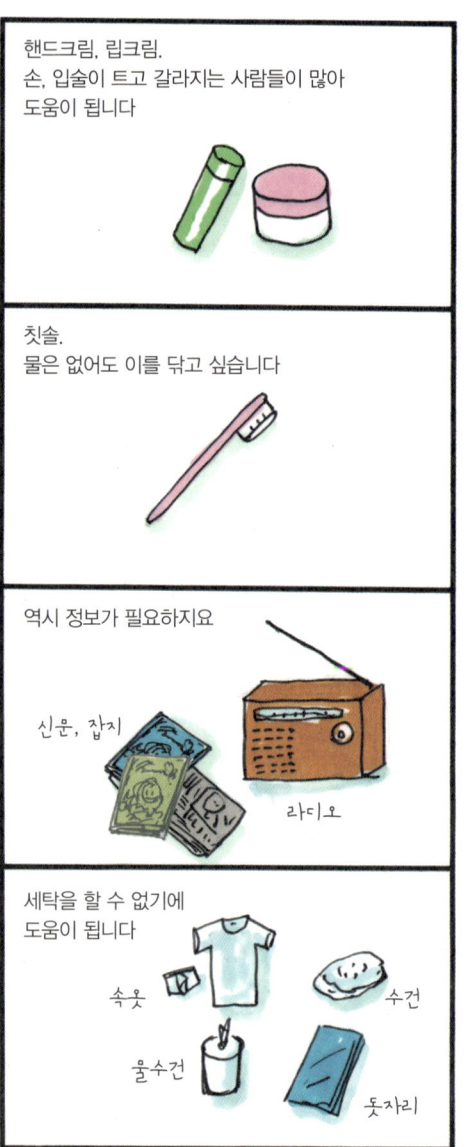

알코올 소독을 자주 하면 피부가 상해요

물을 사용하기 어려운 대피 생활에서는 알코올 성분이 포함된 물수건을 자주 사용합니다. 이로 인해 피부가 상해 특히 여성들이 힘들어 합니다. 구호물품에는 피부관리 용품이 없었기에 핸드크림이 매우 환영받았습니다. 자외선이 강한 시기에는 선크림도 좋겠지요.

1회용 액체 관장약을
물에 희석하면
보습 로션이 됩니다

더러워진 사진을 복구하는 법

쓰나미에 잠긴 사진을 깨끗하게 씻자

물로 씻을 수 있는 사진은 전문 사진관에서 출력한 것이어야 합니다. 가정용 '잉크젯 프린터'로 출력한 사진은 안 됩니다. 또한 '네거필름'은 플라스틱 수지이기 때문에 '사진 프린트' 용지보다도 튼튼합니다. 네거 봉투(반투명 보호 봉투)에 들어 있기 때문에 손상이 적고 다시 사진을 출력할 수 있습니다. 외장 메모리도 수돗물에 씻어 말리면 사용할 수 있는 경우가 있습니다.

바닷물이나 흙탕물로 더럽혀진 추억이 깃든 사진은

따뜻한 물에 30분정도 담궈둡니다

앨범 채로 담궈둔다

달라붙은 사진을 조심스럽게 떼어내고 손가락 끝으로 사진 표면의 오염물질을 제거합니다

그늘에서 서서히 말려줍니다

외장 메모리도 수돗물로 씻어 말린다

재해 지역을 지원하는 방법

간접적으로 지원을 합시다

주말을 보내는 방법을
조금 바꿔보도록 합시다

가족, 친구, 연인끼리
집의 전기를 끄고
외식을 합시다

재해지역의 재료로 만든 요리로

조용히 응원하는 방법도 있습니다.
무리하지 않는 범위 안에서 생각해봅시다

**재해민들에게
삶의 보람과
일상을 되찾아줍시다**

동일본 대지진으로 불과 한 달 뒤에 피해 지역이었던 시오가마(塩竈) 항구에서는 참치를 잡아 올렸습니다. 경매에 붙여진 참치는 평소의 두 배 가격으로 팔렸습니다. 오랜만에 활기 넘친 소리가 재개장한 시장에 울려 퍼졌습니다. 피해를 받은 모든 어부들에게 하루빨리 평화로운 일상이 돌아왔으면 좋겠습니다. 직접적인 피해를 받지 않은 우리들이 할 수 있는 일은 간접적으로 지원을 할 수 있는 정도가 아닐까요?

참치 어획량 일본 최고!

우리 집과 3·11 동일본 대지진

맺음말

맺음말

한신아와지대지진이 있던 해에 첫 아이가 태어났습니다. 저는 지금까지 방재훈련, 구급구명강좌, 지진 스터디 등에 적극적으로 참여해서 여러 지식을 습득해왔습니다. 그래서인지 보통의 주부들보다는 방재 지식이 있다고 자부하고 있었습니다.

그런데 동일본대지진이 일어난 2011년 3월 11일. 가족들과 떨어져 홀로 갔던 여행지에서, 정전, 통신 불능, 교통기관 마비, 단편적인 정보……. 정신을 차리고 보니 거기에는 혼란에 빠진 제가 있었습니다. 말 그대로 예상치 못했던대지진이었던 것입니다. 다시금 재해는 예고 없이 찾아온다는 사실을 절감하고, 반성하는 차원에서 제 자신을 위한 매뉴얼을 만든다는 생각으로 지진 10일 후부터 블로그 'ikinokoru.info(살아남기)'를 시작했습니다. 이후 출판사에 다니는 야마다(山田) 씨가 제 의욕에 불을 붙였습니다.

재해 지역의 이야기를 들려주신 가마이시(釜石) 지역의 히카리(光) 씨, 고민하고 있을 때 충고를 아끼지 않은 이토 료이치(伊藤亮一) 씨, 감수를 해주신 와타나베 미노루(渡辺実) 선생님, 그리고 오야마(大山) 편집 담당자님을 비롯해 빡빡한 스케줄에도 협력을 해주신 각 관계자 분들에게 깊이 감사를 드립니다.

작은 지식이라도 알아둔다면 큰 힘이 될 거라 믿습니다. 만약의 경우에 하나라도 도움이 된다면 좋겠습니다.

**2쇄 출간에
덧붙이는 글**

포스트 9.12 경주지진,
대한민국의 안전을 생각한다

재해는 언제 어디서 찾아올지 아무도 모른다. 가족은 물론이거니와 국가(정부) 혹은 지방자치단체가 항상 함께하지도 않는다. 그 장소, 그 때에 맞는 최선의 방법으로 자기 스스로 결정하고 안전을 도모해야 한다.

대한민국은 한동안 지진 안전지대라는 인식이 있었다. 하지만 최근 한반도에서도 대형지진이 잇따라 발생하면서 지진에 대한 예비지식이 없었던 우리들을 당황케 했다. 더 이상 '절대' 안전하다는 것은 존재하지 않는다. 항상 나와 내 주위에 닥칠 '만일'의 경우를 대비해야 한다. 재난 안전 이슈에 관해서 '9.12 경주지진' 피해 이후 관련 중앙정부의 특별재난지역 선포 등 다양한 노력들이 이어지고 있으며, 재해에서 살아남기 위한 다양한 선진사례들이 소개되고 있다.

이 책은 지진을 비롯한 각종 재난의 경험에서 얻은 실질적인 지식을 전달하고 있다. 재해를 관리하는 사람들에 의해 만들어지는 보통의 매뉴얼과 달리 독자들에게 당장 필요한 내용이어서 더욱 의미가 크다.

이 책의 번역·출판 작업과 동시에 〈재해와 미래교육〉이라는 주제로 국제학술심포지엄(2016년 5월 20일, 주최: 고려대학교 글로벌일본연구원 사회재난안전연구센터)도 개최되었다. 심포지엄은 '재해현장의 경험과 대응과제', '지역재해와 매스미디어', '재해와 교육' 등 3부로 나눠 진행되었으며, 이를 통해 우리의 위기관리 시스템을 재점검하고 한국의 미래교육 이슈로 재해와 안전문화를 구축하고자 하는 계기가 마련되었기를 기대한다.

이 책 『재난에서 살아남기: 일본을 통해 배우는 재난안전 매뉴얼 만화』는 1995년 1월 17일의 한신아와지대지진(阪神·淡路大震災)과 2011년 3월 11일의 동일본대지진(東日本大震災)을 경험한 저자가 피해자 입장에서 생활 속의 재난안전 대책을 4컷짜리 만화로 쉽게 풀어냈다. 철저히 피해자의 필요에 의해 작성된 매뉴얼, 게다가 전문적인 내용을 알기 쉬운 만화로 풀어낸 이 책은 우리 사회에 소개되자 안전사회 구축에 대한 요구와 맞물려 교육현장에서 큰 반향을 일으켰다.

이 책과 아울러 안전을 위한 처방전(매뉴얼)이 될 『재난에서 살아남기 2: 엄마와 아이가 함께 보는 안전 매뉴얼 만화』 역시 널리 읽혀지기를 바라며, 고려대학교 글로벌일본연구원 사회재난안전연구센터가 재해 연구의 진화 및 사회확산을 위해 참신한 기획 도서들을 출간하고 학문적 발전과 사회적 소통의 계기를 만들기 위해 헌신할 것을 다짐한다.

9.12 경주지진으로 인해 고통 받는 분들의 조속한 회복을 기원하며

2016년 9월
고려대 글로벌일본연구원
사회재난·안전연구센터 소장 김영근 HK교수

일본을 통해 배우는 재난안전 매뉴얼 만화
재난에서 살아남기

초판 2쇄 펴낸날 2016년 9월 30일

글·그림 구사노 가오루
옮긴이 김계자·최종길·편용우
펴낸이 이상규
편집인 김훈태
표지 디자인 엄혜리 **본문 디자인** 오은영
마케팅 김선곤

펴낸곳 이상미디어
등록번호 209-06-98501
주소 서울 성북구 정릉동 667-1 4층
대표전화 02-913-8888
팩스 02-913-7711
이메일 leesangbooks@gmail.com

ISBN 979-11-5893-004-02 13590

- 이 저서는 2007년 정부(교육과학기술부)의 재원으로 한국연구재단의 지원을 받아 수행된 연구임(NRF-2007-362-A00019)
- 이 책의 저작권은 저자에게 있으며, 무단 전재나 복제는 법으로 금지되어 있습니다.

엄마와 아이가 함께 보는 안전 매뉴얼 만화

재난에서 살아남기 2

위험한 순간에 스스로 판단하고 행동하는 힘!

비상시에는 매뉴얼로는 대응할 수 없는 상황이 이어집니다. 순간의 판단이 생사를 가를 수 있지요. 아이를 지키기 위해 어머니는 어떠한 경우에도 냉정하고, 때로는 상식을 버리고 기지를 발휘하여 위기를 극복해야 합니다. 그러기 위해서는 비상시뿐만 아니라, 평상시에도 많은 지식을 몸에 익히고 상상력을 키워야 합니다. 사소한 지식과 기발한 아이디어가 자기 자신과 아이들의 목숨을 구할 수 있으니까요. 이 책에 등장하는 다양한 사례를 바탕으로 '나라면 어떡할까?'라는 '생각 연습'을 해보세요.

구사노 가오루 지음 | 기하라 미노루 감수 | 김영근, 편용우 옮김 | 172쪽 | 14,000원